中国非洲研究院文库·中国脱贫攻坚调研报告

主 编 蔡 昉

智库 中社

国家智库报告

2020 National Think Tank

中国脱贫攻坚调研报告
——盐池篇

RESEARCH REPORTS ON THE ELIMINATION OF
POVERTY IN CHINA
—YANCHI COUNTY, NINGXIA
 HUI AUTONOMOUS PREFECTURE

张风林　王林聪　等著

中国社会科学出版社

图书在版编目（CIP）数据

中国脱贫攻坚调研报告. 盐池篇／张风林等著. —北京：中国社会科学
出版社，2020. 5
（国家智库报告）
ISBN 978 - 7 - 5203 - 6953 - 4

Ⅰ. ①中…　Ⅱ. ①张…　Ⅲ. ①扶贫—调查报告—盐池县
Ⅳ. ①F126

中国版本图书馆 CIP 数据核字（2020）第 148329 号

出 版 人　赵剑英
项目统筹　王　茵
责任编辑　孙砚文　周　佳
责任校对　闫　萃
责任印制　李寡寡

出　　　版　中国社会科学出版社
社　　　址　北京鼓楼西大街甲 158 号
邮　　　编　100720
网　　　址　http://www.csspw.cn
发 行 部　010 - 84083685
门 市 部　010 - 84029450
经　　　销　新华书店及其他书店

印刷装订　北京君升印刷有限公司
版　　　次　2020 年 5 月第 1 版
印　　　次　2020 年 5 月第 1 次印刷

开　　　本　787×1092　1/16
印　　　张　11. 5
插　　　页　2
字　　　数　115 千字
定　　　价　68. 00 元

凡购买中国社会科学出版社图书，如有质量问题请与本社营销中心联系调换
电话：010 - 84083683

充分发挥智库作用
助力中非友好合作

——"中国非洲研究院文库"总序

　　当今世界正面临百年未有之大变局。世界多极化、经济全球化、社会信息化、文化多样化深入发展，和平、发展、合作、共赢成为人类社会共同的诉求，构建人类命运共同体成为各国人民共同的愿望。与此同时，大国博弈激烈，地区冲突不断，恐怖主义难除，发展失衡严重，气候变化凸显，单边主义和贸易保护主义抬头，人类面临许多共同挑战。中国是世界上最大的发展中国家，是人类和平与发展事业的建设者、贡献者和维护者。2017年10月中共十九大胜利召开，引领中国发展踏上新的伟大征程。在习近平新时代中国特色社会主义思想指引下，中国人民正在为实现"两个一百年"奋斗目标和中华民族伟大复兴的"中国梦"而奋发努力，同时继续努力为人类作出新的更大的贡献。非洲是发展中国家最集中的大陆，是维护世界和平、促进全球发展的重要力量之一。近年来，非洲在自主可持续发展、联合自强道路上取得了可喜进展，从西方眼中"没有希望的大陆"变成了"充满希望的大陆"，成为"奔跑的雄狮"。非洲各国正在积极探索适合自身国情的发展道路，非洲人民正在为实现《2063年议程》与和平繁荣的"非洲梦"而努力奋斗。

中国与非洲传统友谊源远流长，中非历来是命运共同体。中国高度重视发展中非关系，2013年3月习近平担任国家主席后首次出访就选择了非洲；2018年7月习近平连任国家主席后首次出访仍然选择了非洲；6年间，习近平主席先后4次踏上非洲大陆，访问坦桑尼亚、南非、塞内加尔等8国，向世界表明中国对中非传统友谊倍加珍惜，对非洲和中非关系高度重视。2018年中非合作论坛北京峰会成功召开。习近平主席在此次峰会上，揭示了中非团结合作的本质特征，指明了中非关系发展的前进方向，规划了中非共同发展的具体路径，极大完善并创新了中国对非政策的理论框架和思想体系，这成为习近平新时代中国特色社会主义外交思想的重要理论创新成果，为未来中非关系的发展提供了强大政治遵循和行动指南。这次峰会是中非关系发展史上又一次具有里程碑意义的盛会。

随着中非合作蓬勃发展，国际社会对中非关系的关注度不断提高，出于对中国在非洲影响力不断上升的担忧，西方国家不时泛起一些肆意抹黑、诋毁中非关系的奇谈怪论，诸如"新殖民主义论""资源争夺论""债务陷阱论"等，给中非关系发展带来一定程度的干扰。在此背景下，学术界加强对非洲和中非关系的研究，及时推出相关研究成果，提升国际话语权，展示中非务实合作的丰硕成果，客观积极地反映中非关系良好发展，向世界发出中国声音，显得日益紧迫和重要。

中国社会科学院以习近平新时代中国特色社会主义思想为指导，努力建设马克思主义理论阵地，发挥为党的国家决策服务的思想库作用，努力为构建中国特色哲学社会科学学科体系、学术体系、话语体系作出新的更大贡献，不断增强我国哲学社会科学的国际影响力。中国社会科学院西亚非洲研究所是当年根据毛泽东主席批示成立的区域性研究机构，长期致力于非洲问题和中非关系研究，基础研究和应用研究并重，出版和发表了大量学术专著和论文，在国内外的影响力不断扩大。以西亚非洲研究所为主体于2019年4月成立的中国非洲研究院，是习近平总书记在中非合作论坛北京峰会上宣布的加强中非人文交流行动的重要举措。

　　按照习近平总书记致中国非洲研究院成立贺信精神，中国非洲研究院的宗旨是：汇聚中非学术智库资源，深化中非文明互鉴，加强治国理政和发展经验交流，为中非和中非同其他各方的合作集思广益、建言献策，增进中非人民相互了解和友谊，为中非共同推进"一带一路"合作，共同建设面向未来的中非全面战略合作伙伴关系，共同构筑更加紧密的中非命运共同体提供智力支持和人才支撑。中国非洲研究院有四大功能：一是发挥交流平台作用，密切中非学术交往。办好"非洲讲坛""中国讲坛""大使讲坛"，创办"中非文明对话大会"，运行好"中非治国理政交流机制""中非可持续发展交流机制""中非共建'一带一路'交流机制"。二是发挥研究基地作用，聚焦共建"一带一路"。开展中非合作研究，对中非共同关注的重大问题和热点问题进行跟踪研究，定期发布研究课题及其成果。三是发挥人才高地作用，培养高端专业人才。开展学历学位教育，实施中非学者互访项目，培养青年专家、扶持青年学者和培养高端专业人才。四是发挥传播窗口作用，讲好中非友好故事。办好中国非洲研究院微信公众号，办好中英文中国非洲研究院网站，创办多语种《中国非洲学刊》。

　　为贯彻落实习近平总书记的贺信精神，更好地汇聚中非学术智库资源，团结非洲学者，引领中国非洲研究工作者提高学术水平和创新能力，推动相关非洲学科融合发展，推出精品力作，同时重视加强学术道德建设。中国非洲研究院面向全国非洲研究学界，坚持立足中国，放眼世界，特设"中国非洲研究院文库"。"中国非洲研究院文库"坚持精品导向，由相关部门领导与专家学者组成的编辑委员会遴选非洲研究及中非关系研究的相关成果，并统一组织出版，下设六大系列丛书："学术著作"系列重在推动学科发展和建议，反映非洲发展问题、发展道路及中非合作等某一学科领域的系统性专题研究或国别研究成果；"经典译丛"系列主要把非洲学者以及其他方学者有关非洲问题研究的经典学术著作翻译成中文出版，特别注重全面反映非洲本土学者的学术水平、学术观点和对自身发展问题的认识；"法律译丛"系列即翻译出版非洲国家的投资法、矿业法、建筑法、环保法、劳动法、税法、海关法、土地法、金融法、仲裁法等等重要法律法规，以及非洲大陆、区域和次区域组织法律文件；"智库报告"系列以中非关系为研究主线，以中非各领域合作、国别双边关系及中国与其他国际角色在非洲的互动关系为支撑，客观、准确、翔实地反映中非合作的现状，为新时代中非关系顺利发展提供对策建议；"研究论丛"系列基于国际格局新变化、中国特色社会主义进入新时代，集结中国专家学者研究非洲政治、经济、安全、社会发展等方面的重大问题和非洲国际关系的创新性学术论文，具有学科覆盖面、基础性、系统性和标志性研究成果的特点；"年鉴"系列是连续出版的资料性文献，设有"重要文献""热点聚焦""专题特稿""研究综述""新书选介""学刊简介""学术机构""学术动态""数据统计""年度大事"等栏目，系统汇集每年度非洲研究的新观点、新动态、新成果。

期待中国的非洲研究和非洲的中国研究在中国非洲研究院成立的新的历史起点上，凝聚国内研究力量，联合非洲各国专家学者，开拓进取，勇于创新，不断推进我国的非洲研究和非洲的中国研究以及中非关系研究，从而更好地服务于中非共建"一带一路"，助力新时代中非友好合作全面深入发展。

中国社会科学院副院长
中国非洲研究院院长
蔡　昉

主要执笔人

张风林　王林聪　熊　媛　王　芳　赵　雯

摘要： 宁夏盐池县位于陕甘宁蒙四省交界，地处毛乌素沙漠南缘，是革命老区、国家级贫困县，"老""少""边""穷"在很长时间都是盐池县的代名词。

盐池县脱贫之路经历了五个阶段：从1983—1993年"三西"建设到1994—2000年"双百"攻坚，从2001—2010年千村扶贫到2011—2015年百万贫困人口扶贫，再到2016—2020年精准扶贫，经过几代人坚持不懈的努力，盐池县成功实现脱贫。特别是党的十八大以来，盐池县深入贯彻落实习近平总书记关于精准扶贫精准脱贫基本方略，举全县之力向贫困发起总攻，找准脱贫攻坚之路，压实主体责任，激发贫困群众内生动力，统筹实施产业扶贫、金融扶贫、光伏扶贫、科技扶贫、生态扶贫、基础提升等十项工程，通过发展滩羊、牧草、中草药、小杂粮、黄花和适合农户增收的家庭经营小品种产业为重点，强产业稳增收，夯基础补短板，建机制兜底线，于2018年顺利实现脱贫摘帽，成为宁夏第一个脱贫摘帽县。

本报告认为，在党和政府的领导下，盐池人民将中国特色扶贫脱贫之路成功付诸实践，创造了脱贫攻坚伟大奇迹，彻底改变了盐池的历史面貌。脱贫攻坚的盐池经验是，严格按照党中央作出打赢脱贫攻坚战的重大决策部署，实施产业扶贫、金融扶贫、光伏扶贫、基础提升等十项工程，瞄准贫困群众发展产业资金短缺的薄弱环节，以此为扶贫工作的突破口，创新开展互助资金、评级授信、四信平台建设等多种金融扶贫小额信贷工作，全面构建社会信用体系，打造诚信社会，创新担保模式，以"互助资金"结合"千村信贷"撬动了数倍发展资金，扩大贫困户评级授信覆盖面；创新推行"扶贫保"，破解了建档立卡贫困户贷款困难、因病因灾返贫等十大难题，形成了独具特色的盐池模式。

盐池样板的意义在于，充分发挥政治优势、制度优势和政策优势，采取综合措施，加大脱贫攻坚力度，以久久为功的韧性，夯实基础、授人以渔，从源头上阻断贫困的代际传递，彻底改变贫困地区的落后面貌。同时，巩固提升扶贫攻坚成果，坚持摘帽不摘责任、摘帽不摘政策、摘帽不摘帮扶、摘帽不摘监管，扶贫工作与实施乡村振兴战略相结合，真正使县域经济强起来和农民富起来。

关键词：脱贫攻坚；"三区"；贫困标签；盐池经验

Abstract: Yanchi County, Ningxia, is located at the junction of Shaanxi, Gansu, Ningxia and Inner Mongolia, and on the south edge of the Mu Us Desert. It is an old revolutionary base area and national poverty-stricken county. Even in a long period, Yanchi County is the representative of remote and poverty-stricken areas.

The poverty alleviation way in Yanchi County has gone through five stages: construction of "Three-Xi" (Hexi, Dingxi and Xihaigu) (1983 – 1993), "double-hundred" priority poverty alleviation (1994 – 2000), 1000-village poverty alleviation (2001 – 2010), poverty alleviation for millions of poor people (2011 – 2015) and targeted poverty alleviation (2016 – 2020). Through the unremitting efforts of several generations, Yanchi County successfully achieved poverty relief. In particular, since the Eighteenth Congress of the Communist Party of China, Yanchi County has thoroughly implemented the general strategy of targeted poverty alleviation and poverty relief proposed by General Secretary Xi Jinping, taken the full resources of the county to change poverty, found the right way for priority poverty relief, firmly established the main responsibility, well aroused the endogenous power of the poverty-stricken masses, coordinated the implementation of ten projects of industry poverty alleviation, financial poverty alleviation, photovoltaic poverty alleviation, poverty alleviation through science and technology, ecological poverty alleviation, foundation improvement, etc. By focusing on the development of Tan sheep, pasture, Chinese medical herbs, minor coarse cereals, daylily and family-run small variety industry suitable for farmers to increase their income, strengthening the industry to stabilize the income increase, consolidating the foundation to make up for the weakness, and building a mechanism to ensure the basic life, Yanchi was successfully removed from the poverty list in 2018, becoming the first county in Ningxia.

In this report, it is believed that under the leadership of the Party and government, the people in Yanchi County successfully have put the poverty alleviation and relief way with Chinese characteristics into practice, created a great miracle in priority poverty relief, and fundamentally changed the historical features of Yanchi. Experience of Yanchi in the priority poverty relief: Yanchi County has made major decisions and arrangements for priority poverty relief as per the Central Committee of the Communist Party of China strictly, implemented ten projects of industry poverty alleviation, financial poverty alleviation, photovoltaic poverty alleviation, foundation improvement, etc., taken the weak link of fund shortage in the industry development of the poverty-stricken masses as the breakthrough of poverty alleviation, innovated and conducted the mutual financial poverty alleviation microfinance work such as mutual funds, rating and credit granting and construction of four-credit platform, to comprehensively construct the social credit system and create the credible society; innovated the guarantee mode, leveraged the development funds of several times through combination of "mutual funds" and "1000-village credit", enlarged the coverage of the rating and credit granting system for registered poverty-stricken households; and innovated and implemented the "poverty alleviation insurance", to solve ten difficult problems of registered poverty-stricken households, including loan difficulty and poverty returning due to diseases and disasters, and form the Yanchi mode with unique features.

The significance of Yanchi model lies in full exerting political, institutional and policy advantages, adopting comprehensive measures, increasing the intensity of priority poverty relief, and constantly consolidating the foundation by "teaching people to fish", to truly block intergenerational transmission of poverty from the source and channel, and completely change the backward appearance of poverty areas. At the same time, Yanchi County has consolidated and improved the poverty relief results, and adhered to the policy of insisting on responsibilities, policies, supporting and supervision after getting rid of poverty and being removed from the poverty list and combining the poverty alleviation and implementation of rural revitalization, so as to truly strengthen the county-level economy and enrich the peasants.

Key Words：Priority Poverty Relief，"Three-Area"，Poverty Label，Yanchi Experience

目　　录

一 盐池概况

盐池是多种文化交汇融合之地，既有秦汉时期的长城墩堠，又有近代革命的历史遗迹；既有中原的农耕文化，又有塞外的游牧文化。

盐池是革命老区。1936 年 6 月 21 日西征红军解放了盐池县城，建立了宁夏第一个县级红色政权，盐池成为陕甘宁边区的经济中心、西北门户、前哨阵地和中国共产党的干部培训基地、后勤保障基地，也是宁夏唯一经历过土地革命、抗日战争、解放战争三个历史时期的革命老区。

（一）盐池的历史沿革

盐池县在古代历史上的多数时期为游牧民族聚居区。商朝，盐池一带为鬼方之地，居住着羌族等游牧部落。西周为猃狁（又称西戎）之地。猃狁部族过着

"随畜而徙"的游牧生活。春秋时期，秦穆公三十七年（公元前623年）"益国十二，辟地千里，遂霸西戎"。大约从这一时期开始，秦国的势力发展到包括今盐池地区在内的广大西戎之地。秦惠文王于更元五年（公元前320年）"北游戎地至河上"。

秦统一六国之后，在原来昫衍戎之地设置了昫衍县，属北地郡所辖。昫衍县是盐池历史上最早的历史名称，也是宁夏最早的县置。秦亡汉兴，汉承秦制。汉初仍置昫衍县。东汉时期昫衍县废，其地属北地郡。此时盐池一带成为汉族、匈奴和羌族等民族杂居之地。西魏废帝三年（554年）始有盐州之名。

盐州，因盛产食盐而得名。《唐书》记载，盐州有乌池、白池、细项池、瓦窑池等盐湖，诸池中以乌池、白池最大，产盐最多。西夏据盐州后，盐州所出食盐曾经是西夏对宋朝贸易的主要物产。李元昊时，数州之地的各项财用均由盐州食盐收入承担。明代，朝廷为阻击鞑靼入塞，在盐池一带筑边驻兵，加强军事防御。正统八年（1443年）置花马池营；弘治十五年（1502年）置花马池守御千户所；正德元年（1506年）改为宁夏后卫。清代，盐池为花马池分州。民国二年（1913年）花马池分州从灵州分出，正式成立县制，始名盐池县。

沧海桑田，世事变迁。盐池县饱经了历史的忧患和苦难，也承载过盛世的光辉和灿烂。千百年来，盐池人民反侵略、反压迫、争自由，浴血奋斗，前仆后继。1911 年 11 月 17 日，盐池县狼洞沟人高登云在灵州（今灵武）领导农民起义，响应反帝反封建的辛亥革命。义军迅速发展到一千多人，号称"灵州复汉军"。高登云任大元帅。

1926 年冬，冯玉祥率国民革命军进驻宁夏，并派部进驻盐池县。该部中的中国共产党组织在盐池宣传革命，发展党员，建立起第一个党支部。1928 年后，刘志丹、谢子长等革命先驱曾来盐池和派人来盐池做宣传，发动群众工作。因此，盐池人民对共产党和红军早有认识，日思夜盼，希望早日解放，当家做主人。

盐池县是革命老区。1935 年 10 月，中央红军经过二万五千里长征胜利到达陕北。为了扩大抗日根据地，迎接二、四方面军出草地，继东征之后，党中央又决定西征。由红一军团和红十五军团组成西征野战部队。1936 年 6 月 21 日，西征部队右路军之七十八师全体指战员在师长韩先楚、政委崔田民的率领下，攻克了盐池县城，解放了盐池县大片土地，建立了宁夏第一个县级红色政权，成立了中共盐池县委和盐池县苏维埃政府（"七七事变"后改为盐池县人民政府），隶属陕甘宁边区三边专署。自此，盐池县成为陕甘宁边区的经济中心、西北门户、前哨阵地和解放宁夏的干部培训基地、后勤保障基地。在陕甘宁边区时期，盐池人民在党中央、毛泽东同志的领导下，在县委和县政府的直接带领下，开展了打土豪、分田地，发展党、团组织，建立革命政权，出人出物，支援抗日。抗战时期，盐池县被誉为陕甘宁边区经济建设的重要富源。毛泽东同志在1941年就曾经指出："定（边）盐（池）是边区的经济中心。"从1937—1945年的八年抗战中，陕甘宁边区政府工商税的主要来源为盐池县的食盐。八年中，食盐税收占到陕甘宁边区政府工商税的46.6%。其中1937年陕甘宁边区政府工商税的100%来源于食盐。中华人民共和国成立后，盐池县的盐业生产曾经历过一段缓慢发展阶段，到20世纪90年代中期，由于受品质和生产工艺限制，慢慢淡出市场经济流通渠道。

之后，又开展了轰轰烈烈的大生产运动，成立地方武装，建立互助组、合作社，发展义化教育，反奸防特。接着，进行第一次土地制度改革，组织游击队，打击还乡团，抗灾自救，支援解放宁夏。十三年峥嵘岁月，盐池人民在各个战斗历程中做出了贡献。他们将自己的优秀子女和大批物资接连不断地送上前线。许多人为保卫祖国，保卫家乡，解放全中国献出了鲜血和生命，英雄事迹可歌可泣，流芳百世。

1949年10月1日，中华人民共和国成立，党中央、毛泽东同志及时给延安和陕甘宁边区人民发来了复电，"延安和陕甘宁边区的人民对于全国人民是有伟大贡献的"，"祝延安和陕甘宁边区的人民迅速恢复战争创伤，发展经济建设和文化建设"。在复电精神鼓舞下，全县人民豪情满怀，斗志昂扬，积极投入社会主义革命和社会主义建设洪流中。

（二）盐池的自然生态和资源状况

盐池县位于宁夏回族自治区东部，地处陕、甘、宁、内蒙古四省七县（市、区、旗）交界地带，西与灵武市、同心县连接，北与内蒙古鄂托克前旗相临，东与陕西省定边县接壤，南与甘肃省环线毗邻，自古就有"西北门户 灵夏肘腋"之称，是西北商贸活动的"旱码头"，也是宁夏的东大门。地理坐标东经 $106°30'$—$107°47'$，北纬 $37°04'$—$38°10'$。全县南北长 110 千米，东西宽 66 千米，总面积 8522.2 平方千米。这里农耕、游牧文化交融，既有秦汉时期的长城墩堠，又有近代革命的历史遗迹；既有中原的农耕文化，又有塞外的游牧文化；既有陕北的"信天游"，又有西北的"花儿"、内蒙古的草原文化。这里经过改革开放和脱贫攻坚的春风沐雨，经济建设快速发展，社会事业不断进步，生态环境明显改善，人民物质生活条件、精神面貌大为改观。这里土地、牧草、矿产资源丰富，发展前景十分广阔。县城距首府银川市 132 千米，交通、通信等基础设施条件优越。

盐池县地处鄂尔多斯台地向黄土高原过渡地带，地势南高北低，北接毛乌素沙漠。南部为黄土丘陵区，约占全县总面积的 20%，海拔 1600—1800 米，沟壑纵横。北部为鄂尔多斯缓坡丘陵区，约占全县总面积的 80%，海拔 1400—1600 米，地势开阔平缓。县内无险峰峻岭，无大江河流，天高地阔，地广人稀。气候属典型的大陆性季风气候，气温冬冷夏热，平均气温 22.4℃，晴天多，降雨少，年均降水量不足 300 毫米，且多集中在夏末秋初。年均蒸发量高于 2100 毫米，约为降水量的 6—7 倍。年均日照 2901 小时，光能丰富，日照充足温差大，冬夏两季气候迥异，平均温差 28℃左右，秋冬交接之际，昼夜温差可达 20℃。

全县天然草原面积 835.4 万亩，有可利用草原 714 万亩、耕地 133 万亩，是宁夏旱作节水农业和滩羊、甘草、小杂粮的主产区。境内分布的野生中药材有 130 多种，野生甘草、苦豆草面积分别达到 235 万亩和 300 万亩。所产甘草品质好、药用价值高，在国内外享有很高声誉，1995 年盐池县被国务院命名为"中国甘草之乡"。盐池县是全国滩羊集中产区和宁夏畜牧业生产重点县，2003 年被国务院特产委员会命名为"中国滩羊之乡"，2005 年成功注册"盐池滩羊"产地证明商标。全县滩羊饲养量达 315.7 万只，滩羊肉、二毛皮享誉海内外，以滩羊为主的畜牧业已成为盐池的"一号产业"。盐池因滩羊入选首批中国特色农产品优势区。盐池滩羊肉三上国宴，滩羊肉专营店达 226 家，品牌价值达 68 亿元，品牌影响力位居 2018 年中国区域农业畜牧类榜首。盐池县建立了以滩羊为主导，黄花、牧草、小杂粮、中药材为辅助，适合家庭经营小品种为补充的"1＋4＋X"特色产业体系，培育扶持以种植、经营甘草为主的家庭农场 6 家、产销合作组织 15 家，打造了王乐井狼洞沟、冯记沟平台等 3 个万亩甘草采种基地，抚育种植以甘草为主的中药材 6 万亩。加大扬黄灌区节水改造和结构调整力度，全县完成高效节水种植 42.3 万亩。优质牧草留床面积 79.8 万亩，黄花 8.1 万亩，每年种植以荞麦为主的小杂粮 40 万亩，以滩羊为主的特色产业占农业总产值比重达 80％以上，盐池县被列入全国首批农村产业融合发展先导区。2018 年全年实现农业总产值 16.68 亿元，同比增长 4.2％。农村居民人均可支配收入达 10685 元，同比增长 11.9％。

盐池县是宁夏重要的煤炭石油储藏和生产区，有矿产 14 种，矿产地 56 处，其中大型矿床 4 处，中型矿床 9 处，小型矿床 14 处，矿点 29 处。矿产资源主要有石油、煤炭、天然气、石灰岩、石膏、石英砂、砂砾石、池盐、芒硝等。地上有土地、光热、风能三大资源。初步探明煤炭储量82.5亿吨，石油储量总资源量2.5亿吨，天然气储量8000亿立方米。白云岩储量268.5亿立方米，石灰岩探明储量5.4亿吨，石膏探明储量16.5亿吨，风能资源总储量约为300万千瓦，年太阳总辐射量5740兆焦/平方米。全县有煤矿6家。中石油、中石化在盐池登记勘探区块总面积为8445平方千米（中石油6560平方千米、中石化1885平方千米），基本覆盖了盐池全境。截至2018年，中石油、中石化在盐池开发石油生产井5000余口（生产的油井累计达2987口），天然气探井114口，主要分布在大水坑镇和麻黄山乡，开采原油累计1400万吨，产值达500亿元以上。2017年原油产量达150万吨，产值达45亿元以上。

生态建设是盐池立县之本，1978年盐池县被国家列为"三北"防护林体系重点县，2002年率先在全区实行封山禁牧。多年来，历届县委、县政府始终在不同时期努力探索盐池的发展道路，特别把生态建设作为求生存、谋发展的首要任务，牢固树立绿色发展理念，按照建设、治理、管护和经营同步的原则，依托县域地貌特点，按照"北治沙，中治水，南治土"的发展思路，以防沙治沙生态修复综合治理为重点，全力建设天蓝、地绿、水美的美丽盐池。先后实施了退耕还林还草、"三北"防护林、天然林保护、世行贷款宁夏黄河东岸防沙治沙项目、草原可持续利用等一系列重点工程。人工造林每年以 10 万亩的速度推进，累计完成"三北"防护林、退耕还林等造林任务 365 万亩，封育 84 万亩，林木保存面积达 325 万亩，天然草原面积达 835 万亩，林木覆盖度、植被覆盖率分别达到 31% 和 71%。全县森林面积 190.9 万亩，森林覆盖率达 21.3%。200 多万亩的沙化土地全部得到治理，100 亩的明沙丘基本消除。与 10 年前相比，年扬沙天气由 54 天降至 9 天，实现了人进沙退的历史性逆转。盐池县先后被评为全国防沙治沙先进集体、全国林业科技示范县、全国绿化先进县。

全县人口城镇化率为 53.23%，户籍城镇化率为 37.6%。城市建成区面积为 13.47 平方千米，控制区面积为 43 平方千米。县城道路总长度达 118 千米，敷设排水管线总长 141 千米，城市人均拥有道路广场面积为 20.9 平方米。县城建成区园林绿化覆盖面积为 539.1 公顷，园林绿地面积 505.8 公顷，公园绿地面积 95 公顷，园林绿化总面积达 1514.26 公顷。人均城镇公园绿地面积为 17.76 平方米，建成区绿化覆盖率为 40.02%，建成区绿化率为 37.55%。县城水冲式厕所 51 座，垃圾处理厂 1 座，垃圾中转站 12 座，污水中水处理厂 1 座，日处理 30 吨垃圾渗滤液处理厂 1 座。城市生活垃圾处理率 93%，城市污水处理率达 87.5%。截至 2017 年年底，城市集中供热站 3 处，建设换热站 34 座，累计供热管线长度为 190.3 千米，供热面积达 376 万平方米，城市集中供热率 80%。拥有道路路灯 4625 盏，主干道城市亮灯率达 98%。有廉租房 2343 套，公租房 2285 套，经济适用房 1212 套，安置房 2454 套，城镇常住人口保障性住房覆盖率达 28%。规模住宅小区总建筑面积 207.5 万平方米，城镇人均住房面积达 45.2 平方米。建立了以县城为中心，3 条高速公路为骨架，10 条国省级干线公路为依托，县乡公路为支脉的"三纵八横"覆盖城乡的交通网络。截至 2018 年年底，全县通车总里程达 3358 千米，其中国省干线及高速公路为 13 条 756 千米，农村公路 186 条 2602 千米，公路密度达 39.4 千米/百平方千米，实现了所有建制村村村通硬化公路，自然村通硬化公路率为 80.63%，城乡群众出行条件进一步改善。重点实施了高效节水灌溉、小流域治理、农村饮水安全巩固提升改造等重点水利项目。盐环定扬黄渠道改造工程顺利竣工，建成了杜窑沟、隰宁堡、石山子水库并投入使用，治理水土流失面积 4507.65 平方千米。大水坑镇、麻黄山乡等 8 个乡镇 102 个行政村的村民饮水安全问题得到彻底解决，实现全县农村常住户安全饮水普及率100%。深入实施农网改造升级工程，新建及改造配电线路636千米。实施电信普遍服务试点项目，实现全县无线通信4G网络和金融网点全覆盖。累计实施了大水坑特色小镇和惠安堡、高沙窝、麻黄山、青山、王乐井5个美丽小城镇建设，新建、改造德胜墩、宋堡子等美丽村庄67个，坚持每年集中打造20个美丽村庄，力争到2020年，实现全县中心村美丽村庄建设全覆盖。完成"十一五"和"十二五"生态移民搬迁2937户9606人，"十三五"易地扶贫搬迁519户1602人。完成农村危窑危房改造12095户，实现全县所有农户危窑危房改造全覆盖。

（三）盐池的社会经济发展

盐池县现辖4镇4乡1个街道办事处，有102个行政村，654个自然村，17个城镇社区居委会。总人口17.2万人，其中农业人口14.3万人，有回族、满族、东乡族等13个少数民族4234人，占全县总人口的2.45%，其中回族3728人。农村常住人口67310人，占农业人口总数的47%；60周岁以上16957人（女8001人），占常住人口总数的25%；18周岁以下2.8万人，占常住人口总数的41%。农村常住人口中有劳动能力的22353人，占常住人口总数的34%；农村常住人口中有劳动技能的 17448 人，占农村常住总人数的 25.9%；农村常住人口高中以上文化程度有 7324 人，占农村常住总人数的 11%。常年外出人口占常住总人口 70%、80%、90% 以上的村分别为 239 个、108 个、18 个，分别占全县自然村总数的 37%、17%、3%。常住人口在 10 人以下的村有 35 个，占全县自然村总数 6%；无常住人口的村有 10 个，占全县自然村总数 2%。

盐池县有各级各类学校 63 所，教职工 1701 人，在校学生 28079 人（寄宿生 4328 人）。有区级特级教师 3 名，市级名校长 4 名、名师 49 名，自治区级骨干教师 127 人、市级骨干教师 124 人、县级骨干教师 357 人。全县共有各级各类医疗卫生机构 138 所，其中县级公立医院 2 所（县人民医院、中医院），妇幼保健计划生育服务中心、疾控中心、卫生监督所各 1 所，乡镇卫生院 8 所、社区卫生服务机构 6 所、村卫生室 99 所、个体诊所 17 所、民营医院 1 家、门诊部 1 所，校医务室 1 所。全县卫生专业技术人员 927 人（编制人员 484 人），其中执业（助理）医师 312 人，注册护士 330 人，每千人口拥有执业（助理）医师 1.97 人，每千人口拥有注册护士 2.09 人，每千人拥有病床 1.04 张。高标准通过国家卫生县城复审验收，成为首批国家级健康促进县。建立了"四报销四救助"体系，构筑起了健康扶贫八道保障网，实现了全县所有农户健康扶贫政策全覆盖，基本医疗保险、大病保险、大病补充保险、民政医疗救助等政策在县内各医疗机构实现"一站式结算"，为所有建档立卡贫困群众开展签约服务。全县共有城市低保对象 1144 户 2035 人（城市最低生活保障标准 560 元/月），农村低保对象 4954 户 8477 人（农村最低生活保障标准分别为 240 元/月、270 元/月、300 元/月），实现了应保尽保。

全县共有党（工）委 27 个，党组 7 个，党支部 321 个，其中：村党支部 102 个、社区党支部 13 个、机关和企事业单位党支部 155 个（机关党支部 65 个，事业单位党支部 81 个、国有企业党支部 9 个），非公企业党支部 38 个，社会组织党支部 13 个。共有党员 8556 名，其中女性党员 2067 名，占 24.2%；少数民族党员 204 名，占 2.4%。农村党员 4355 名，其中女性党员 805 名，占农村党员总数的 18.5%；初中及以下文化水平的党员 2890 名，占农村党员总数的 66.4%；35 岁及以下的党员 823 名，占农村党员的 18.9%；60 岁及以上的党员 1553 名，占农村党员总数的 35.7%。组建各类功能党小组 189 个，打造党建示范点 22 个，选派 47 名优秀年轻干部到基层挂职锻炼，区、市、县共选派贫困村驻村第一书记 74 名，驻村工作队员 79 名。村级组织活动场所和村级文化中心设施完备、功能齐全,实现全覆盖。全县 102 个村集体收入全部达到 5 万元以上。74 个贫困村依托光伏电站每年收益达 22 万元,连续 20 年。

2017 年全县从事商贸流通服务行业的企业及个体工商户 11145 户(企业 2674 户,个体 8471 户,从业人员 3 万余人),其中:交通运输业 127 户,农林牧渔业及服务业 882 户,采矿、制造业 1097 户,建筑业 116 户,批发和零售 5139 户,住宿和餐饮业 1331 户,文化体育和娱乐业 85 户,房地产 29 户,金融保险业 24 户,租赁企业和商务服务业 216 户,非营利性科学研究、技术服务和地质勘查业,水利、环境和公共设施管理业,教育,卫生、社会保障和社会福利业,公共管理和社会组织 620 户,居民服务和其他服务业 1479 户。按照"1+2+8+N"的运营模式,打造了一个县级运营中心、2 个电商产业孵化园、8 个乡镇旗舰店、N 个村级便利店的电商产业新布局。

截至 2017 年年底,全县建设、孵化电商站点 117 家(其中乡镇、村级站点 62 家,社会电商站点 55 家),电商交易额累计达到 8 亿余元。培育孵化了 50 个本土电子商务种子企业,孵化个人成功创业者 100 人,培训各类电商人才 3680 人。盐州商贸广场、综合农贸市场、大型货运停车场一期建成投运,滩羊美食文化街、宝利再生资源市场等项目启动建设,国美电器、德克士、银河影院等一批知名品牌相继入驻，德昌铁路物流中心一期正式投入运营，商贸物流业发展步入快车道。中国银行、石嘴山银行落户盐池，全县银行业金融机构累计达到9家。

盐池县工业园区投入1.1亿元支持园区建设和企业发展，工业项目完成投资81.2亿元，宁鲁石化20万吨苯乙烯项目等9个项目建成投产，黄河汇通等15个重点项目顺利推进。中国西北石膏产业基地落户青山，巨拓共享等深加工项目建成投产，石膏资源高效利用、高端化发展开始破题。风光电已建成并网发电规模210万千瓦，占全市30%。淘汰水泥、煤炭等落后产能60万吨，新增自治区专精特新中小企业10家。建立财保贷基金等5支产业发展基金，基金规模达到3.6亿元。上陵牧业、中能北方上市融资加快推进。新增规上企业6家，规上工业总产值突破100亿元，增长15.5%，工业对经济增长的贡献率达到59%。

自然资源、生产方式、历史文化、区域条件等因素决定了一定地区的社会经济发展状况。历史上，盐池县地处北方游牧文化和中原农耕文化交汇地带，传统农牧业思想根深蒂固。加之资源禀赋欠缺，生产方式落后，且地处宁夏南部山区，属于"老""少""边""穷"地区，因此经济社会发展速度较为缓慢。

盐池县境内的植被在区系上属于亚欧草原区亚洲

中部亚区，中国中部草原区过渡地带。共有种子植物331 种，分属 57 科、211 属。其中灌丛、草原、沙地植被数量较大，分布亦广。由于盐池县地理位置和自然因素的过渡性特点，植被类型也显示出自南而北互相交错的过渡性特点。境内天然森林稀缺，有人工林约 14 万亩（不包括灌木林），主要分布在花马池、青山、大水坑等乡镇的部分地区。中北部地区，特别是哈巴湖和高沙窝、苏步井、柳杨堡的流沙地带有近 10 万亩的沙柳灌丛。草原植被包括干草原和荒漠草原两个亚型，其界线在东塘、安定堡、鸦儿沟、冯记沟、马儿庄、惠安堡一线。干草原包括南部黄土高原丘陵和中部的广大地区，约占全县总面积的 2/3。有五个植物群系，自南向北分布为：大针茅群系、百里香群系、长芒草群系、沙芁草群系和赖草群系，都有较高的饲用开发价值。在黄土高原丘陵地带，土壤、水分条件较好，植物生长茂盛，且种类繁多，覆盖度为 50%—75%。向北到中部缓坡丘陵区，植物生长率逐渐下降，覆盖度为 30%—50%。荒漠草原分布于北部地区，植被有短花针茅群系和白草群系，也有较好的饲用开发价值。但受水分条件限制，生长较差，覆盖度在 35% 左右。沙地植被广泛分布于县境内北部、中部的沙漠地区，有苦豆子群系、老瓜头群系、黑沙蒿群系和白沙蒿群系等。覆盖度一般在 30% 左右，最高达 50%—60%。

纵观盐池解放 80 多年来的发展历程，在农牧业及生态建设方面经历了艰难曲折的历程。

20 世纪 60—90 年代，由于大面积开耕荒地，毁草种田，造成了"农田挤草原，风沙吃农田"的恶劣自然现状，县境内 60% 的草原沙化，粮食产量大幅下降，畜牧业出现衰退现象。1980 年全县实行"包干到户"生产责任制后，极大地调动了农民的生产积极性。同时由于覆膜等节水农业技术的运用，粮食产量逐年上升。1984 年，全县粮食总产量达到 39199 吨。1989 年，盐池县在宁夏南部山区 8 县中率先实现基本解决温饱目标。此后，县委、县政府紧紧围绕增加农民收入这一核心要求，采取项目带动、资金扶持、群众自筹等办法，切实加大经济结构调整，不断提高农业科技含量，加快特色农业、设施农业建设步伐，保持了农业和农村经济持续健康发展。1996 年，全县粮食总产量达到 50365 吨，创历史最好水平。"十一五"期间，盐池县累计建成日光温室 5300 亩，大拱棚 14600 亩，实现了中部干旱带旱作区现代农业的良好开局。同时高效农业种植技术不断成熟，以地膜玉米为主的综合增产增效技术，以麦套玉米为主的立体复合种植技术，以脱毒薯为主的马铃薯综合增产增效技术，矿水淡化、节水灌溉、秸秆氨化等新技术的大面积推广应用，进一步提高了农产品的产量和效益。"十一五"期间，地区生产总值年均增长 14.9%，其中农业增加值 45563 万元。到"十二五"末（2015 年），全县地区生产总值达到 63.94 亿元，按可比价格计算增长了 15.5%。地区生产总值是 2010 年的 2.4 倍，5 年翻了一番多，年均增长 13.3%。全县人均生产总值达 41725 元，是 2010 年的 2.3 倍，5 年翻了一番多。中华人民共和国成立前，由于社会时局极不稳定，生产方式落后，盐池县畜牧业发展较为缓慢，全县羊只总数长期保持在 20 万只左右。1950—1982 年，全县羊只保有量一直徘徊在 50 万只左右。2003 年以后，盐池县委、县政府充分发挥"中国滩羊之乡"中国地理标志产品的品牌优势，先后扶持建成了一大批滩羊肉分割包装、精细加工龙头企业，按照"园区化、规模化、集约化"的方向发展各类养殖示范村，建立示范园区，鼓励和扶持养羊大户。2005 年 6 月，国家工商行政管理总局审核批准了"盐池滩羊"产地证明商标，2010 年 1 月被国家工商总局认定为中国驰名商标，带动了农民养羊的积极性，促进了畜牧业向高产、优质、高效、生态、安全方向发展，有力推进了养殖方式的根本转变。2010 年，全县羊只饲养量 91.87 万只，出栏 49.4 万只。2015 年，全县羊只存栏 78.3 万只，出栏 75.7 万只。2018 年，全县羊只饲养量 311 万只。

改革开放以来，生态建设是盐池的立县之本。1978 年盐池县被国家列为"三北"防护林体系重点县。草原建设、保护及利用一直受到国家和区、市、县各级党委、政府的高度重视。1979 年盐池县被国家农业部、畜牧总局列为"畜牧业现代化综合试验基点县"，推动了畜牧业政策和生产责任制的落实，先后实施了人工种植优良牧草、草原围栏、封育划管、飞播、补播改良、移栽沙蒿沙柳等建设措施。20 世纪 90 年代以后，盐池县委、县政府结合草原建设项目的实施，相继出台了一系列相关政策措施，加快草原建设步伐，促使畜牧业发展取得了显著成绩，生态环境有了明显改善。1996 年以后，盐池县先后实施了牧区开发示范工程、坡改梯综合治理生态工程、天然草原植被恢复与保护等建设项目。2000 年全县累计林木保存面积发展到 200 万亩，林木覆盖率达到 18.3%，林业产值达 3409 万元。此后，盐池县先后实施了"三北"防护林、天然林保护、退耕还林、退牧还草、防沙治沙、小流域治理等重点工程，全县林木保存面积达到 440 多万亩，200 多万亩沙化土地得到不同程度的治理，50 万亩流动沙丘基本得到固定，120 万亩退化草原植被逐步恢复，产草量由每亩 48 千克增加到 168 千克，全县植被覆盖率提高到 60% 以上，初步实现了由"沙进人退"到"人进沙退"的历史性逆转。全国水土保持现场会、全国退牧还草现场会和全国防沙治沙现场会先后在盐池县召开。2002 年盐池县率先在全区实行封山禁牧，2006 年被评为全国绿化先进县，2009 年被评为全国林业科技示范县和全区林业生态建设先进县。截至 2018 年年底，全县林木覆盖度达到31%，植被覆盖度达到70%，先后被评为全国防沙治沙先进县、全国绿化先进县、国家园林县城、国家卫生县城。

二 盐池缘何穷根深扎

生态环境、自然资源、人口结构、生产方式、历史文化、区域条件等，是制约和影响一个地区社会经济发展的主要因素。

亚洲东部河西走廊风沙流大通道所经干旱沙漠地区，与北非、中东、中亚地区被国际社会并称为"全球四大沙漠化重灾区"。宁夏平原被腾格里、乌兰布和与毛乌素三大沙漠包围。盐池县位于毛乌素沙漠的西南前沿，地处河西走廊风沙流大通道出口，即宁夏中部干旱、沙漠化带的东部。独特的地理位置，使这个县成为中国乃至世界遭受沙漠化危害最为严重的县域之一。

全球沙漠化引起的贫困、饥饿、瘟疫群体性死亡和难民潮，至今困扰着全世界。盐池当年，同样面临着生存与发展的严峻挑战。

（一）20 世纪 80 年代前盐池县贫困状况

盐池县农业生产长期以来受干旱、风沙等自然条件制约，加上滥垦、滥挖、滥牧，造成盐池县生态环境逐年恶化，生产力水平低下，农业生产基础条件差，农业经济发展缓慢。盐池县土地面积大，属中温带大陆性气候，适合发展种植、养殖业。中华人民共和国成立之初，全县以种植糜、谷、荞麦、胡麻、芸芥等传统农作物为主，品质优良。但由于自然条件和生产要素制约，产量极不稳定。1950 年，盐池县粮食总产量（包括玉米、薯类等经济作物）6226 吨，到 1978 年粮食总产量达到 25700 吨。1962 年，造林面积 349公顷，育苗面积 45 公顷，果树面积 42 公顷，水果产量 34 吨；到 1978 年，造林面积达到 7186 公顷，育苗面积 121 公顷，果树面积 461 公顷，水果产量 28 吨。1950 年，盐池县大家畜（包括猪、羊）总头数 19841头，到 1978 年大家畜达到 32378 头。

30 多年间，盐池县农村经济虽然有所发展，但与人民群众基本的生活需求仍有较大差距。1982 年，全县农民人均纯收入只有 63 元，人均产粮 190 千克，处于吃粮靠返销、生活靠救济、生产靠贷款的极度贫困局面。

1983 年，盐池县被列入国家"三西"农业建设专项资金扶持的贫困县之一，当年全县 75% 以上的群众的温饱问题得不到解决。尽管粮食和畜牧业产量逐年有所提高，但受自然灾害和生产力低下等因素影响，农民收入极不稳定，有 75% 的农民群众生活在国家贫困标准线以下。大部分农民过着吃粮靠返销、生活靠救济的窘迫日子。

盐池县委、县政府积极贯彻执行"依靠群众，依靠集体力量，以生产自救为主，辅之以国家必要的救济"的方针，及时发放救济粮款。仅 1972—1982 年，全县共发放救灾款 708.1 万元。同时加强社会赈济工作，对丧失劳动力的困难户给予救济或收容安置。

1951—1982 年，盐池县共发放城乡社会救济款 314.2 万元。1981—2000 年，盐池县多数年份分别遭遇干旱、冰雹、洪水、沙尘暴等重大自然灾害，其中 1984 年 4 月 27 日特大沙尘暴、1994 年"8·5"洪灾和 1999 年"7·13"特大洪涝灾害最为严重。组织灾害赈济，帮助受灾群众渡过难关，成为政府有关部门工作的常态。

20 世纪 80 年代以前，遇灾荒年馑，盐池县农民群众主要靠捡发菜、挖甘草等补贴家用，抗灾自救。但由此也使草原植被遭到严重破坏，生存环境进一步恶化。

1982 年，盐池县70% 以上的农民群众处于绝对贫困（即恩格尔系数在70% 以上）状态；1987 年，盐池县没有达到温饱水平的贫困户有 2909 户 14857 人；1994 年，根据中共中央、国务院《八七扶贫攻坚计划》和自治区《双百扶贫攻坚计划》精神，盐池县按照"人均收入 300 元以下，有粮 300 千克以下为极贫户；人均收入 301—500 元，有粮 300 千克为贫困户；人均收入 501 元以上，有粮 300 千克以上为基本解决温饱户"的界定标准，最后确定全县贫困户约为 6000 户 3 万余人。

（二）盐池县的贫困特征

盐池县农村贫困人口产生的原因，主要是受干旱、沙漠化等极端恶劣的自然环境影响，劳动生产收入难以维持最低生活需求；家庭人口多缺乏劳动力，老人、孩子抚养比高；收入渠道不宽，除农牧业生产外，工副业等经营性收入较少。此外，疾病困扰，受教育程度较低，缺乏科学知识和先进的生产技能等也是产生贫困人口的主要原因。据有关部门调查资料显示，盐池低收入家庭一般具有以下特征。

1. 沉重不堪的家庭负担

其一，大家庭。低收入户家庭人口平均为 5.16

人，37.5%是夫妇与三个孩子以上的家庭，23.3%是三代同堂，即60%是大家庭。家庭里孩子和老人较多，劳动力负担系数大，就业渠道少，收入来源不稳定。

其二，劳动力文化程度普遍偏低。低收入户中29.0%的劳动力是文盲，38.4%是小学文化程度。文化程度低者一般是年龄较大的农民，文化知识和劳动技能的欠缺限制了其就业的选择性。

其三，病、残长期困扰弱势群体问题突出。大多数低收入贫困家庭有残疾人或慢性病、疑难病患者，以及无收入来源的老人等。因病致贫、因残致贫、因教致贫等社会因素上升。绝对贫困户中很少是村干部、个体工商户或正常、健康家庭。

2. 微薄脆弱的收入结构

靠天吃饭的自然小农经济。盐池县是农牧业大县，农牧业收入成为农村家庭收入的主要来源。1980年农村联产承包责任制实施以前，农牧业收入主要归集体所有，农户个人仅有的一点自留地、自留羊产量极少，对家庭收入的补充微乎其微。从1981年"包产到户"开始，农村劳动力得到极大解放，农牧业产量总体稳中有升。但农牧业收入受干旱、沙漠化等自然灾害因素影响，收入极不稳定。就盐池县而言，从"包产到户"后的 1981 年一直到 2000 年，农牧业收入占农民全年总收入的比重仍然居高不下，说明了农民收入渠道单一，尤其是家庭经营性收入增长缓慢。

影响农民收入的主要因素——经济环境变化对贫困户收入结构产生直接影响，其变化特征如下：其一，家庭经营能力的弱化。1983—2004 年，盐池贫困户家庭经营性纯收入占纯收入比重从 87.3% 下降到 63.18%；而全区农民家庭经营纯收入比重从 93.69% 下降到 64.91%。其二，贫困户较倾向于外出打工。1985 年，盐池县农村住户家庭总收入构成中，经营性收入最多，为 90490 元，占家庭全年总收入 107278 元的 84.4%；全年人均总收入中，家庭经营性收入为 363.1 元，占全年人均总收入 432.6 元的 83.9%；人均全年从集体统一经营中得到的收入为 22.8 元，仅占人均全年总收入的 5.2%。2000 年，盐池县农村住户家庭经营性收入为 1589 元，占人均总收入 2017 元的 78.8%；人均纯收入中，家庭经营性收入为 768 元，占家庭纯收入 1136 元的 67.6%。2005 年，盐池县农村住户家庭经营性收入为 2956 元，占家庭人均总收入 3769 元的 78.4%；人均纯收入中，家庭经营性收入为 1207 元，占人均家庭纯收入 2005 元的 60.2%。

上述数据对比说明，家庭经营性收入是影响家庭总收入和纯收入的主要因素。盐池县农村家庭收入构成中，排在第二位的是工资性收入，主要指劳动务工收入。2000 年，盐池县农村人均家庭工资性收入为 311 元，占家庭人均总收入的 15.4%，占家庭人均纯收入的 27.3%；2005 年，全年人均工资性收入为 380 元，占全年人均总收入的 10.08%，占全年人均纯收入的 18.9%。从 2005 年盐池县家庭收入构成中还可以发现，退耕还林还草补贴具有一定的扶贫作用。2005 年，盐池县农村住户退耕还林还草补贴收入为 358 元，分别占全年人均总收入和纯收入的 9.5% 和 17.8%。

（三）盐池县贫困的主要成因

中华人民共和国成立后，数十年来盐池县农村经济一度发展缓慢，农村贫困人口不断消除又不断返贫，主要有以下几个方面的原因。

1. 水资源匮乏，水质较差。盐池县地处黄河水系和内陆水系分水岭地区，无客水入境，全靠降水形成地下水。由于干旱少雨，年均降水量只有 296.5—352 毫米，干旱多风，蒸发强烈，地下水十分缺乏。

盐池县境内不仅水资源贫乏，且水质较差。据盐池县 1983 年 4 月至 1984 年 10 月的调查，1985 年 6 月形成成果报告的相关资料显示，盐池县境内大部分地区水质矿化度高，含氟量超过人畜饮用标准。多数地下水、地表水的含氟量在 1.5 毫克/升以上。氟病在盐池县大部分地区均有存在。据县卫生防疫部门和水利部门普查，按水中含氟量的卫生指标衡量，全县氟病区 80 个大队 84719 人，氟病区人口占全县总人口的 81.5%。

20 世纪 80 年代以前，盐池县中北部地区患上被称作"大骨节病"的人特别多。患上此病不但会丧失劳动能力，而且发作起来撕心裂肺的疼痛令人无法忍受。这种"大骨节病"在医学上称作氟骨病，是由于长期饮用高氟水造成的。

据 2000 年前后的调查统计，柳杨堡乡东塘村 330 多位村民中，有 10%—15% 的村民患有此病。在苦咸水、高氟水分布的地区，有从 30 岁开始就瘫痪在炕上的老人，有腿已变形行走蹒跚的中年人，至于牙齿带有黄锈的村民更是不计其数。

中华人民共和国成立以后，人口剧增，为了解决吃饭、人畜饮水问题，截至 1965 年，盐池共打土圆井 800 多眼。1973 年打出第一眼深机井，到 1979 年深机井发展到 242 眼。1999 年，全县共有深机井 589 眼。到 1999 年，年开发地下水达到 1600 万立方米。

20 世纪 70 年代，主要井灌区机井水水位在 20 米到 30 米之间，2000 年已经下降到 90 米左右。随着地下水位的下降，地下水上面湿土层的上线也在下移。

遇到干旱年份，地表的干土层越来越厚，致使原有一些防沙性能好、饲养价值高、生命力较强的如蒗草等"名贵"植物灭绝。另外，地下水的过度开采导致地表干燥，增加所有植物的成活和生长难度。这在一定程度上与气候的干旱和少雨具有因果关系，为土地荒漠化的愈演愈烈推波助澜。

2. 自然灾害严重。盐池县的自然灾害主要有干旱、风沙、霜冻、冰雹、洪灾、热干风等，其中干旱、风沙对农牧业生产的危害最大，其次是霜冻。冰雹虽然一般多在局部地区发生，但危害也较大。

据1954—1982年的统计，28年间不同程度的旱灾有25年，其中严重旱灾7年，严重霜冻2年，局部地区雹灾5次，几乎每年都有不同程度的风沙灾害发生。民间有"三年两头旱，十种九不收"之说。

1983年4月27日午后4时许，全县出现历史少见的大风沙暴，天空突然昏暗，浓密沙尘从西北方向铺天而来。天空始呈灰黄色，续显橘红色，狂风大作对面不见人影。室内如黑夜，人感到呼吸困难。约3小时后，沙尘渐失，但狂风终夜未停，晚9点后又有阵雪。全县在这场沙暴中死亡4人，受伤8人，丢失、死亡羊畜两万多只。

1994年8月5日，县城普降大到暴雨，使盐池遭受百年不遇的特大洪涝灾害。全县受灾人口2.9万人，

死 13 人，重伤 10 人，倒塌损坏房屋 5466 间，使 385
户 1648 人无家可归，直接经济损失 3200 万元，重点
灾区在县城北门外及其以西地区。

3. 产业结构单一，生产结构调整缓慢。盐池县长
期倚重传统农业，工业（轻工业）、服务业不发达，
产业类型单一，以靠天吃饭为主的农业产出率低下。
与此同时，老百姓受"一亩地、两头牛，老婆孩子热
炕头"传统小农思想影响，只知道在田地里"刨食"，
不愿意去外面"捞金"，家庭主要收入靠农业和畜牧
业生产维持。大部分家庭缺乏经营思想，没有经营收
入。遇到天灾人祸，难以自救。

20 世纪 70 年代，由于连年干旱，粮食产量低而不
稳，盐池县多数年份农民要靠吃国家返销粮玉米、红
薯干度日。75% 的农民生活在国家贫困标准线以下，
生活极度困难。20 世纪 80 年代初期，部分有超前商业
意识的农民开始从事一些批发零售商贸，逐渐尝到甜
头后，经营规模开始不断扩大，成为当时红极一时的
"万元户""冒尖户"。国家在政策上也开始鼓励农民
积极开展经营性生产。

1980 年，盐池县工商局还专程为盐池县城一位世
代经营醪酒的魏老头颁发了营业执照，鼓励其开展个
体经营，为乡村经营户带个好头。这也是中华人民共
和国成立后盐池县第一家正式获得营业执照的个体工

商户。2000年全县个体工商户网点934个，从业人员1366人。但从总体上来说，盐池县个体工商从业人员占全县人口的比例不高。

4. 草原植被不断遭到破坏，土地资源恶化。史料记载，盐池县"靠近蒙疆，居民咸赖畜牧"。宽广的地域环境和丰富的草地资源，使盐池县具备了发展畜牧业的客观条件，以滩羊为主的畜牧业在国民经济中占有非常重要的地位。盐池县农民群众对农牧业的依赖，也常用"地是聚宝盆，羊是摇钱树"来作比喻。养羊是盐池县的传统产业，也是农民的主要收入来源之一。

但是物极必反，过度放牧造成草原植被进一步沙化，生产条件和人民生活因此受到极度损害。

1966—1976年，在"以粮为纲"方针指导下，农村群众大量开荒种地，草原严重沙化、退化，产草量下降，生态结构遭到严重破坏，再加上盲目追求羊畜存栏数和连年干旱，畜牧业生产遭受极大损失。1976年全县羊只死亡15.9万只，死亡率达到30%，为历史最高。当年羊只存栏数降到31.9万多只，比1952年减少8万只。

1978年，盐池县被国家畜牧总局列为畜牧业现代化综合试验基点县。1979年羊只饲养量达54万只。此后20多年间，盐池县持续推广"三高一快"养羊措施，羊只饲养量逐年增长：1980 年为 55 万只，1985 年为 61.5 万只，1990 年为 66.75 万只，1995 年为 74.9 万只。

然而畜牧业产量的增加却并没有为农民带来明显的增收效果，过度放牧，载畜量激增导致草原生态环境极度恶化。每到冬春季节，风起沙流，摧苗打禾，吹蚀地表，农田草原沙漠化程度不断加重。遇此情况，农人播种数次而不能保苗，常因此而一再推迟播种，贻误农时和影响农作物生长。

从 20 世纪六七十年代开始，由于积沙覆盖，致使草原退化，沙化面积每年约以 18 万亩的速度递增。经常出现沙尘暴天气，最小能见度仅为 14 米。据 1983 年全县土壤普查，各类不同程度沙漠化土地已达 689.15 万亩，占盐池县北部总面积的 85.8%，占全县土地总面积的 68%。据 1983 年《盐池县草场资源调查报告》记载显示，盐池县当时草原沙化面积为 539 万亩，比 1961 年的 282 万亩扩大了 257 万亩，即每年扩大 11.7 万亩。

1949 年盐池县的耕地面积为 73.6 万亩，1999 年耕地面积达到 143.3 万亩。50 年新开荒地近 70 万亩。十年九旱的盐池，滥垦的耕作方式破坏性严重。50 年间因滥垦和被撂荒的耕地很快退化，变成盐碱滩或明沙川，共毁植被 500 多万亩。

盐池县被誉为"中国甘草之乡",甘草品质优良,资源颇丰。1990年前后,受甘草价格因素影响,加之生活极度困难,宁夏同心、海原县的部分农民几乎每年都要到盐池县马儿庄一带采挖甘草,人数最多时达到一两千名。据盐池县统计部门农调队调查统计,每年因挖甘草造成的沙化面积达3858平方米。

据1983年农业资源调查结果显示:全县南部黄土丘陵区受到不同程度水蚀的面积达到193.7万亩,占本地区总面积近90%。据水文部门测算,平均每平方千米每年流失土壤达到5000余吨,全县水土流失区域每年流失土壤538万吨。水土流失使土地资源中宝贵的"水"和"肥土"流失,冲毁农田和草原,扩大延长沟壑,对当地农业生产危害极大,同时将大量泥沙注入黄河,给更大范围地区造成了灾害。

5. 文化教育、医疗卫生状况落后。中华人民共和国成立前,盐池县文化教育落后,识文读书者寥寥无几。民国时期,陆续办起一所县城小学和几所乡镇私塾学校,就读学生极少。陕甘宁边区时期,文化教育事业虽有发展,但当时经济困难,战事未休,发展速度不快,平均200人中仅有1人识字。1950年,盐池县组织对全县人口文化程度进行统计,大专以上文化程度为零,文盲约占青壮年、成年人的98%。1980年5—7月,盐池县文教局对全县人口文化程度进行普查，结果显示：全县农村共有文盲 27489 人，占总人口的 25.3%；半文盲 12965 人，占总人口的 11.9%。其中青少年文盲 6300 人，占文盲总数的 22.9%；女性青少年文盲 4583 人，占青少年文盲的 72% 以上。

中华人民共和国成立前，全县只有 3 家私营药铺和为数不多的民间医生。流行病和地方病蔓延，群众备受疾病之苦，"小病抗，大病躺，重病等着见阎王"的现象普遍存在。中华人民共和国成立后，尽管加快了医疗卫生方面的建设投入，但发展速度缓慢。农村家庭因病致贫成为贫困人口增加的主要因素之一。

1982 年年底，盐池县共有全民所有制医疗卫生机构 20 个，包括县医院 2 所、公社卫生院 15 所，以及卫生防疫站、地方病防治所、妇幼保健所，共有病床 208 张。当时，全县总人口约为 12 万人，病床占有率仅为 1.7‰ 左右。

6. 工商业不发达。中华人民共和国成立前，盐池县几乎没有工业，仅有少数手工业工匠。中华人民共和国成立后，个体手工业逐步发展壮大，但规模较小。1957 年由国家和集体兴办的中、小型工业企业发展到 15 个，工业总产值 44 万元。1978 年全民和集体厂矿发展到 17 个，职工 1077 名，固定资产 640 多万元，工业总产值达到 528 万元，向国家上缴利税 64.5 万元。1983 年全县工业企业固定资产增加到 1273 万元，职工 1295 名，总产值增加到 946 万元，但工业对农业和农村的贡献较小。1985 年，盐池县农民全年人均手工业收入仅为 6.38 元，农民人均工业年收入仅为 0.21 元。

三 脱贫攻坚是拔掉穷根的必由之路

　　"十三五"时期，宁夏要同全国同期实现第一个百年奋斗目标、全面建成小康社会，在现行贫困标准下实现全区农村贫困人口脱贫，贫困县全部摘帽，解决区域性整体贫困，关键在于精准扶贫的成效。脱贫攻坚，事关全面建成小康社会，事关增进人民福祉。特别是随着全面建成小康社会目标时间点的临近，脱贫攻坚工作也逐渐进入深水区，贫困地区都是难啃的"硬骨头"，是贫中之贫、困中之困，脱贫难度大。盐池县聚焦精准脱贫这个根本要求，聚焦深度贫困这个重点难点，聚焦稳定增收这个长远目标，聚焦一线扶贫这个主攻方向，注重精准发力、精准施策，立"靶子"、开"药方"，帮助全县贫困群众断掉"穷根"、开掘富源。

　　打赢打好脱贫攻坚战，离不开产业扶贫支撑。党的十八大以来，盐池县严格按照党中央作出的打赢脱贫攻坚战的重大决策部署，在扶贫过程中充分发挥主导作用，瞄准贫困群众产业发展的薄弱环节，以此为扶贫工作的突破口。针对部分地方缺少产业支撑、扶贫产业覆盖面小、组织化程度较低、产业可持续性不强的问题，盐池县充分发挥党委的主导作用，为脱贫提供坚强组织保证，积极探索创新党建模式，推进基层党建与精准扶贫、精准脱贫深度融合，互促共进，切实推动党的政治优势、组织优势、密切联系群众优势转化为脱贫攻坚的发展优势。盐池县在扶贫创新的过程中充分体现了各级党组织、党员的精神担当、责任担当，充分发挥了政府"有形之手"的引导作用，释放市场"无形之手"的活力，调动盐池人民"勤劳之手"的积极性，走出了一条精准扶贫新路子，以产业发展帮助贫困群众拔掉"穷根"。培育发展富民产业，点上开花、全面覆盖，这是盐池县精准扶贫拔掉"穷根"采取的系列措施。

（一）脱贫攻坚的历程

党的十八大召开不久，习近平总书记在河北省阜平县考察扶贫工作时指出："帮助困难乡亲脱贫致富要有针对性，要一家一户摸情况，做到心中有数。"2013

年 12 月，中办、国办印发《关于创新机制扎实推进农村扶贫开发工作的意见》（中办发〔2013〕25 号），明确提出建立精准扶贫工作机制和健全干部驻村帮扶机制的工作要求。"精准扶贫"概念的提出和施行契合时代发展的需要，充分彰显了新一代中央领导对扶贫工作的高度重视。

2017 年 10 月 18 日召开的中国共产党第十九次全国代表大会指出，坚决打赢脱贫攻坚战，让贫困人口和贫困地区同全国一道进入全面小康社会是中国共产党的庄严承诺。大会提出，要动员全党全国全社会力量，坚持精准扶贫、精准脱贫，确保到 2020 年我国现行标准下农村贫困人口实现脱贫，贫困县全部摘帽，解决区域性整体贫困，做到脱真贫、真脱贫。

从 1983 年中国实施集中开发式扶贫以来，宁夏的扶贫开发工作大致经历五个重要阶段。

第一阶段：1983—1993 年，"三西"农业建设阶段。

1982 年 12 月，《中央财经领导小组讨论加快甘肃省河西商品粮基地和中部干旱地区农业建设问题的纪要》中，决定成立"三西"（定西、河西、西海固）地区农业建设领导小组，连续 10 年每年拨专项基金 2 亿元，采取以工代赈、吊庄移民等方式，通过开发建设改变贫困地区面貌。其中给西海固地区 8 县（区）每年 3400 多万元。这一举措开创了中国打破行政区域、连片开发反贫困的先河。

1985 年，国家确定 331 个国家级重点贫困县，盐池县被列入其中。盐池县在"三西"农业建设时期，以"停止破坏"和解决温饱为先期目标，实施了扬黄灌溉工程、吊庄移民、以工代赈、对口支援、科技扶贫、温饱工程等。农、林、牧多业并举，大力推广农村节能技术，恢复草原生态环境，加快基础设施建设，有效发挥政府、社会帮扶作用。经过建设，盐池县生态建设成果显著、基础设施建设得到改善、农村专业户引领农村经济发展，群众温饱问题得到初步解决，教育、科技扶贫效果初步显现。1990 年 6 月 5 日，盐池县基本解决温饱目标通过自治区农业建设委员会检查验收，全县 21790 名贫困农户中有 20676 户越过温饱线，占总贫困农户的 90% 以上，15 个乡镇中有 13 个达到国家"三西"验收方案规定指标，成为基本解决温饱县。截至 1989 年年底，全县人均纯收入达到 337 元，人均占有粮食 259 千克，分别比 1983 年增长 2.59 倍和 1.2 倍，全县贫困面大幅度缩小，不得温饱的农户由 1983 年的 70% 下降到 1989 年的 5.1%。

第二阶段：1994—2000 年，"双百"扶贫攻坚阶段。

1994 年，以《国家"八七"扶贫攻坚计划》为标志，中国扶贫开始进入攻坚阶段，向贫困全面宣战。为了贯彻落实国家"八七"扶贫计划精神，宁夏制定了《宁夏"双百"扶贫攻坚计划》（1994 年）和《宁夏回族自治区党委、自治区政府关于尽快解决南部山区农村贫困人口温饱问题的决定》（1997 年），决定在南部山区近 100 个贫困乡镇实施扶贫攻坚，力争基本解决 100 多万农村贫困人口的温饱问题。将稳定地解决大多数农户的温饱、稳定地解决群众收入来源作为扶贫开发的中心工作，集中人力、物力、财力，动员社会各力量，向贫困宣战，告别贫困。

"双百"扶贫阶段，盐池县认真贯彻落实国家"八七"扶贫攻坚计划和宁夏"双百"扶贫攻坚计划，扶贫方式和制度措施初步形成，1994 年，盐池县制订了《盐池县扶贫计划》，确定了系统的、有序的、科学的经济发展思路，加快脱贫步伐。定点包扶，攻坚克难。持续加快林草生态保护建设，改善生态生存环境，扶贫开发与计划生育工作紧密结合。盐池以扶贫攻坚总揽全局，结合本县实际，确定"吃饭必抓水，花钱靠养殖，生存要治沙，建设抓项目，发展靠科技"的工作思路，紧紧围绕农业增产、农民增收、稳定解决温饱这个中心，以扶贫到户到村为重点，努力改善农业生产条件，加强基础设施建设，发展区域经济，扶贫开发步伐明显加快，全县农村面貌发生了较大变化。农业和农村经济持续发展，基础设施建设进一步得到改善，率先实现基本解决温饱目标，科技扶贫效果逐步显现。2000 年，盐池县人均国民生产总值等八项经济指标创历史最高纪录，名列宁夏南部山区 8 县之首；农民生活消费总支出 1202 元，其中食品消费 710 元，恩格尔系数为 59%，下降了 10 多个百分点，基本摆脱了贫困面貌。

第三阶段：2001—2010 年，千村扶贫开发阶段。

宁夏在 2001 年制定了《宁夏农村扶贫开发规划（2001—2010）》和《千村扶贫开发工程实施意见》。对主要分布于干旱、半干旱和半阴湿土石山区等生存条件比较差的 1026 个行政村，集中人力、物力和财力实施脱贫攻坚。宁夏率先在全国编制完成了 8 个扶贫工作重点县（区）的县级规划和 411 个贫困重点村的村级规划，明确提出扶贫近期目标和远期目标。1982—2005 年，宁南山区农村绝对贫困发生率从 74.8% 降低到 3.60%，绝对贫困人口从 119.3 万人减少到 7.5 万人。

这一时期，盐池县按照《自治区千村扶贫开发工程实施意见》要求，稳步推进小康社会建设，坚持"生态绿县"战略不动摇，加强农田水利基础设施建设。居民群众最低生活保障，贫困人口健康保障和医疗救助，分期分批整村推进。加强农村协会组织建设，大力培养农民经纪人队伍，创新实践盐池"金融扶贫"模式。这一时期，盐池县审时度势，抢抓机遇，大胆实践，大胆创新，努力促进和谐盐池建设，使全县人民生产生活水平不断得到提高和改善，农村基础设施建设、产业开发、教育和文化卫生等社会事业空前发展，扶贫工作成效显著，贫困群体数量明显降低，下降到30%。人民群众生活水平不断提高，基础设施建设力度进一步加大，为农民摆脱贫困提供强有力的支持。生态建设步伐加快，区域环境得到明显改善，扶贫开发成效明显，社会各项事业全面发展。

第四阶段：2011—2015年，百万贫困人口扶贫阶段。

2011年12月，中共中央、国务院印发了《中国农村扶贫开发纲要（2011—2020年）》（以下简称《纲要》），《纲要》提出，到2020年，稳定实现扶贫对象不愁吃、不愁穿，保障其义务教育、基本医疗和住房。贫困地区农民人均纯收入增长幅度高于全国平均水平，基本公共服务主要领域指标接近全国平均水平，扭转发展差距扩大趋势。2012年，自治区党委、自治区政府印发了《关于实施百万贫困人口扶贫攻坚战略实施意见》，开展大规模的扶贫攻坚工作。

这一阶段，盐池县着力加快发展步伐，奋力推进"整村推进"扶贫开发，认真实施"整村推进"各项试点工作，全面拓展"金融扶贫"盐池模式，不断完善农村社会保障机制，农村群众健康需求得到进一步保障。盐池县地区生产总值、规模以上工业、财政收入、农村居民可支配收入四项指标翻了一番多。农民人均可支配收入总量是2010年的2.1倍，5年翻了一番多，年均增长13.1%。每年将公共财政支出的80%以上都用于民生事业，全面小康实现程度达到82.6%，位居宁南山区首位。

第五阶段：2016—2020年，精准扶贫、精准脱贫阶段。

党的十八大召开后，中办、国办于2013年12月印发了《关于创新机制扎实推进农村扶贫开发工作的意见》，明确提出建立精准扶贫工作机制和健全干部驻村帮扶机制的工作要求。在2017年6月8日召开的宁夏第十二次党代会上，自治区党委提出要大力实施脱贫富民战略，增强人民群众的获得感和幸福感。

2016年，按照自治区提出"三年集中攻坚、两年巩固提高、力争提前脱贫"的工作思路，盐池县依托金融创新推动产业发展、依靠产业发展带动贫困群众增收的发展思路，全面组织实施了基础改善、产业培育、金融扶贫、兜底保障等"七项工程"，同步推进全县74个贫困村24455名贫困人口脱贫攻坚工作。盐池县认真落实中央和区、市扶贫攻坚政策措施，不断开拓创新、深化要领，提高标准，先后探索创新了金融扶贫、保险扶贫、产业扶贫、光伏扶贫、健康扶贫等扶贫模式，创新了"六个精准扶贫"工作机制。依托资源禀赋，充分发挥"中国滩羊之乡""中国甘草之乡"品牌优势，将财政扶贫资金与金融产品和富民主导产业有效嫁接，构筑了以绿色高端滩羊产业为主导，以中药材、小杂粮、牧草、黄花为辅的"1＋4"现代农业产业体系，走出了一条"依托金融创新推动产业发展、依靠产业发展带动贫困群众增收"的特色富民之路。2017年是盐池县脱贫摘帽的决战决胜之年，盐池县围绕"六个精准""五个一批"脱贫攻坚基本方略，精心筹划，精准施策，推进扶贫开发由"输血式"向"造血式"转变。当年整合各类资金34.6亿元，制定了2017年脱贫摘帽总体方案和17个子方案，出台了盐池县2017年扶贫惠农政策四十条，大力实施基础提升、产业扶贫、金融扶贫等"十项工程"，贫困群众生产生活条件得到了明显改善，脱贫摘帽各项工作实现了预期目标。

（二）脱贫扶贫的重大举措

党的十八大以来，盐池县深入贯彻落实习近平总书记提出的精准扶贫精准脱贫基本方略，举全县之力向贫困发起总攻，脱贫攻坚路子找得准，主体责任压得实，基层基础筑得牢，贫困群众内生动力激发得好，各项工作取得明显成效。始终保持攻坚态势，坚持摘帽不摘责任、摘帽不摘政策、摘帽不摘帮扶、摘帽不摘监管，巩固提升脱贫成果，把扶贫工作与实施乡村振兴战略相结合，真正让县域经济强起来、让乡村美起来、让农民富起来，在与全国同步建成全面小康社会中作出脱贫样板。要进一步提高思想意识，强化"四个意识"、做到"两个坚决维护"，清醒认识和把握脱贫攻坚面临的困难和挑战，严把目标标准和时限要求，算清时间账、任务账，切实担负起打赢脱贫攻坚战的重大政治责任。要强化政治担当，紧盯扶贫领域突出问题，坚决贯彻落实党中央的整改要求和自治区党委的整改方案，坚持高标准严要求，加大监督问责力度，确保整改取得实效。要坚持精准方略，认真解决好"扶持谁""怎么扶""谁来扶""如何退"的问题，把扶贫对象、帮扶措施、因村派人、脱贫成效搞得更精准，切实提高脱贫攻坚质量。要激发内生动力，坚持扶贫与扶志扶智相结合，千方百计调动贫困群众的积极性、主动性，让他们愿意干、有能力干、比着干。

坚持把脱贫攻坚作为头等大事和第一民生工程，放在心上、扛在肩上，借鉴推广盐池县脱贫经验，发挥好基层党组织的战斗堡垒和共产党员的先锋模范作用，抓好产业扶贫、金融扶贫等工作，全力以赴打赢打好精准脱贫攻坚战，确保与全国同步建成全面小康社会。

解决人民群众的贫困和致富问题，一直是当地党委、政府的中心任务，也是广大盐池人民群众的迫切期望。

中华人民共和国成立后，中国社会进入基本完成社会主义改造和全面建设社会主义时期。中共盐池县委带领全县广大干部群众，继续发扬革命传统，积极投身建设事业，在政治、经济、文化和社会事业各个方面掀起了建设高潮：顺利完成农业、手工业、资本主义工商业的社会主义改造；制定了国民经济发展五年计划；农业、畜牧业、草原生态、水利建设充满生机；文化教育、医疗卫生事业起步发展，人民群众广泛受教育和得到生命健康保障的权利得以基本实现。

1983 年，盐池县被国务院列入"三西"农业建设县。围绕"有水路走水路，水路不通走旱路，旱路不通另找出路"的"三西"地区扶贫方针。按照"三年停止破坏、五年解决温饱、十年二十年改变面貌"的奋斗目标，开展扶贫工作。1985 年 7 月 15 日，盐池县委组织在全县范围内广泛开展了治穷致富大讨论活动。大讨论的主要内容是：紧紧围绕发展以牧为主的商品经济这一主题，通过大讨论找出致穷根源和治穷致富的措施，达到提高思想，统一认识，振奋精神，增强信心，努力为提前实现"翻两番"和"宁夏要先翻身"的目标做出贡献。1988 年 1 月 25 日，盐池县委下发了《关于扶持贫困户脱贫致富的决定》。3 月 9 日，全区贫困地区经济开发工作会议在银川召开，会议研究部署了之后 5 年的经济开发工作，要求全区各行各业都要加强对南部山区经济开发工作的对口支援。自治区各包扶部门对应的贫困乡不脱贫，包扶部门不脱钩。1989 年 1 月，盐池县委在广泛征求社会各界意见的基础上，确定新时期的盐池精神为"艰苦创业，奋发图强"。县委号召，全县人民要学习李万福挖山造地绿化不止的愚公移山精神，学习李玉芬治沙造田科学种田夺高产的干劲，学习贺国英联合治山规模经营的气派，学习李红霞致富不忘国家和众乡亲、乐于奉献的共产主义风格。这一年，盐池县委提出了"攻坚、开发、控制"的扶贫攻坚调整思路，进一步加大脱贫攻坚力度。1990 年 6 月 5 日，自治区政府"五年解决温饱检查验收总结会"在盐池县召开，盐池县基本解决温饱目标通过检查验收。全县 21790 户农户中有 20676 户越过温饱线，占总农户的 94.9%；15 个乡（镇）中有 13 个达到"三西"验收方案规定指标，成为基本解决温饱县。

1994 年开始实施"双百"扶贫攻坚计划。1996 年 1 月，为落实自治区"双百"扶贫攻坚计划，盐池县推出计划到户、项目到户、资金到户、包扶到户、科技到户"五到户"扶贫措施。盐池县确定1997年为"扶贫攻坚年",1997年年底经自治区验收,贫困面下降到6.8%,提前三年率先在宁南山区8县实现基本解决温饱问题。

1987年12月15日,国家计委批复陕甘宁盐环定扬水工程上马;1993年4月7日,黄河水由马儿庄红墩子隧洞顺利引入革命老区盐池县。"九五"期间,自治区有关部门累计拨付盐池县"三西"扶贫资金1740万元,帮助贫困户打井打窖16230眼,发展水浇地5.18万亩,农村用水困难得到有效缓解。全县改造三级柏油路37.82千米,砾石公路103.2千米,全县公路总里程达到1059.4千米,初步形成了两纵四横、贯通15个乡镇的公路网络,基本实现了全县村村通公路的目标。1994年11月25日,自治区政府在盐池县麻黄山乡管记掌村召开全区村村通电现场会,自此全县98个行政村提前一年实现了村村通电。"九五"期间,新架设农电线路360千米,解决了130个自然村2552户12652人的用电问题,自然村和农户通电率分别由76%和73.9%,增长到97%和87%。各乡镇通了传真机,信息化程度逐步提高;开通了无线寻呼、移动通信,实现了村村通电话的目标。

1982年,盐池县委、县政府制定了《关于扫除文盲的暂行规定》。1983 年，召开了全县普及小学教育工作会议。1984 年，召开了全县文化工作会议。1991 年，开始实施"231"工程，宣布实施普及初等义务教育。1999 年 10 月，盐池县"普九"工作基本达到规定标准要求。2008 年，盐池县"两基"工作高标准通过国家教育督导团验收，盐池县政府被自治区人民政府评为全区"两基"国检工作先进集体。2009 年，盐池县创建教育强县工作通过自治区人民政府评估验收，在宁南山区率先实现教育强县目标。

盐池从 2001 年开始实施千村扶贫开发。盐池县委带领全县广大干部群众，进一步解放思想、锐意进取，以坚韧不拔的毅力和执着追求的精神，众志成城、砥砺奋进，致力于广大人民群众生活水平和幸福指数的改善和提高。

2003 年，盐池县委、县政府确定农业发展"因地制宜，集中连片、规模发展、高效利用"的原则。2007 年下发了《关于加快全县设施农业发展的意见》，按照"扩大规模、优化结构，提高效益"的发展思路，切实提高设施农业综合生产能力。此后，盐池县坚持把发展设施农业作为农业增效、农民增收的有效途径，适度发展，稳步推进。2003 年，围绕"中国滩羊之乡"的市场品牌效应，盐池县委、县政府力促做大做强滩羊产业。2005 年 8 月下发了《关于加强盐池滩羊品种资源保护工作的意见》。到 2010 年前后，盐池滩羊饲养量基本维持在 200 万只左右。

2001 年以来，盐池县先后实施了"三北"防护林、日援治沙项目、扬黄灌区林网建设、天然林保护、退耕还林还草、保护母亲河小流域治理、县级生态保护区、围城围镇造林等十大工程，制定了《关于加快生态环境建设与大力发展草畜产业的意见》，加大草原禁牧工作力度，坚持"生态立县"战略不动摇，牢固树立"抓生态就是抓生存、抓发展"的理念。2010 年后，盐池以争创全国防沙治沙先进县为目标，坚持南北中分类治理、整区域协调推进，突出防沙治沙、造林绿化和水土保持。

盐池 2003 年完成城市建设投资 1.5 亿元，2004 年实施县城"南扩西移"战略，2005 年提出"提升文化品位、增强服务功能、改善生态环境，建设园林城市"的城市建设目标。2014 年，坚持以打造美丽盐池为目标，实施规划引领、提质扩容、城乡安居、美丽乡村、绿色建筑、质量安全"六大工程"，全面推进新型城镇化建设步伐，人口城镇化率达 52.02%。2016 年，持续加快"一城四区"建设步伐，打造设施完善、生态宜居、功能齐全的宁夏美丽东大门，城乡面貌上升到一个新台阶。

"十二五"期间，盐池县开展百万贫困人口扶贫工作，县委、县政府坚持稳中求进的工作总基调，以提高发展质量和经济效益为中心，扎实推进稳增长、调结构、促改革、惠民生的各项工作，加快经济结构调整和产业转型升级，全县国民经济和社会各项事业取得了辉煌的发展成就。这五年，也是全县经济社会发展最旺盛、经济实力增长最快、人民得到实惠最多的时期。经过这一时期的发展，全县经济综合实力和发展后劲显著增强，为全县实现脱贫攻坚目标奠定了坚实的基础。2015年，全县地区生产总值达63.94亿元，全县人均生产总值达41725元；全县农村居民人均可支配收入7674元，城镇居民人均可支配收入达20919元。盐池县将金融扶贫、产业扶贫、保险扶贫、光伏扶贫、健康扶贫作为脱贫富民的重要举措，聚合政府有形之手、市场无形之手和群众勤劳之手精准发力，有效破解了金融扶贫小额信贷全国性"十大难题"，走出了一条"依托金融创新推动产业发展、依靠产业发展带动贫困群众增收、依靠保险构建贫困群众风险保障体系"的富民之路。截至2016年年末，全县未脱贫贫困户4585户12862人，贫困发生率为9%，低于全区10.28%的平均水平。

从2006年开始，盐池县委、县政府积极推进招商引资和"争项目、争资金"两大任务工作的开展。2009年，确立"一园五区"工业发展战略。发展到

"十二五"末，全县新型工业化快速发展，园区基础设施和配套服务不断完善，煤炭开发、油气化工、新能源等主导产业稳步壮大，占工业总产值的84%。2015年，全县规模以上工业企业44家，全年规模以上工业增加值达23.5亿元，全年实现工业增加值25.3亿元，工业增加值占地区生产总值的比重为39.6%，对经济增长的贡献率为51.8%，拉动经济增长8个百分点。

"十三五"时期，是精准扶贫、精准脱贫，全面打赢脱贫攻坚战的决战决胜期。盐池县委、县政府全面贯彻党的十八大和十八届三中、四中、五中、六中全会精神，认真贯彻落实中央关于精准扶贫、精准脱贫的基本方略，深入贯彻习近平总书记关于扶贫开发的系列重要讲话精神，认真贯彻落实宁夏回族自治区第十二次党代会精神，围绕中央"四个全面"战略布局，充分发挥政治优势和制度优势，牢固树立创新、协调、绿色、开放、共享的发展理念，紧紧围绕"五个一批"和"六个精准"扶贫的总体要求，精准锁定扶贫对象，全面实施基础建设、产业培育、金融扶贫、健康扶贫、闽宁对口及社会帮扶、新兴产业、兜底保障、精神扶贫、生态文明建设、易地搬迁脱贫富民"十项工程"，为实现贫困群众稳定脱贫，确保实现自治区扶贫攻坚"三年集中攻坚，两年巩固提高，力争提前脱贫"的预期目标,与全国全区同步建成全面小康社会目标,带领全县广大干部群众,不忘初心,砥砺前行。在中央和区、市党委、政府的统一部署和坚强领导下,在上级扶贫部门的正确指导下,在社会各界的大力支持下,盐池举全县之力,向脱贫攻坚战发起最后冲刺。

2015年2月13日,习近平总书记在全国延安干部学院主持召开陕甘宁革命老区脱贫致富座谈会上,肯定了盐池县的经验介绍并强调指出:推动陕甘宁革命老区发展,必须结合自然条件和资源分布,科学谋划、合理规划。盐池县共有贫困村74个,2017年年底动态调整后建档立卡贫困人口有11203户32998人。2014年以来,县委、县政府认真贯彻落实区、市党委、政府决策部署,以脱贫攻坚为统揽,坚持国家扶持和自力更生相结合,围绕"六个精准""五个一批"脱贫攻坚基本方略,精心筹划,精准施策,推进扶贫开发由"输血式"向"造血式"转变。共整合投入各类资金72.9亿元,大力实施基础提升、产业扶贫、金融扶贫、健康扶贫等重点工程,群众生产生活条件明显改善,脱贫攻坚工作成效显著。2014—2018年盐池共脱贫退出10917户32350人,2018年全县贫困村建档立卡户人均可支配收入达9200元,同比增长13%。2018年7月,经国家严格评估考核,盐池县综合贫困发生率为 0.66%，没有发现错退和漏评问题，群众认可度97.71%。经自治区人民政府批准，盐池县退出贫困县序列。盐池县高标准实现脱贫摘帽，为全区脱贫攻坚探出了路子、树立了标杆、做出了示范。

脱贫以来，盐池县再接再厉，把巩固提升脱贫成果作为工作的重点，始终坚持以习近平新时代中国特色社会主义思想为指导，认真贯彻落实党的十九大精神和习近平总书记来宁夏视察时的重要讲话精神，按照"乡村振兴战略"和脱贫富民战略目标，坚决落实自治区党委、政府"摘帽不摘责任、摘帽不摘政策、摘帽不摘帮扶、摘帽不摘监管"的要求。强化责任担当，不断提高打好脱贫攻坚战政治站位；坚持精准方略，持续提供打赢打好脱贫攻坚战政策供给；提高资金效益，切实保障打赢打好脱贫攻坚战力度不减；压实帮扶责任，有效凝聚打赢打好脱贫攻坚战各方力量；加强督导检查，有力推进打赢打好脱贫攻坚战工作落实。在基础改善、产业扶贫、金融扶贫、健康扶贫等方面持续用力、真帮实扶，不断巩固脱贫成果。截至2018 年12 月底，全县还有贫困人口322 户712 人，贫困发生率进一步下降到0.5%，比脱贫退出专项评估检查时又降低了0.16 个百分点。为实现乡村振兴战略和全面建成小康社会奠定了坚实基础。

（三）全面推进脱贫攻坚

1. 基础设施

基础设施建设滞后，一直是制约盐池县经济发展的主要因素。改革开放后，盐池县紧抓中央实施"以工代赈""东西部合作"工程和西部大开发的历史机遇，积极争取国家项目投资，加快基础设施建设步伐，逐步实现了农村水、电、路、广播电视"四通"目标。

针对农村基础设施"欠账"多的问题，盐池县完善基础设施，夯实脱贫致富的根基，逐步改善贫困地区发展条件。全力推动农村水、电、路、房等基础设施建设，在农村基础设施建设上持续发力，助推全县脱贫攻坚工作。

如今，在盐池县各乡镇，一片欣欣向荣的热闹景象，道路硬化、环境整治、危房改造、厕所革命等，所到之处，都感受到当地夯实农村基础设施后带来的发展活力。

"我们祖祖辈辈生活在这里，喝的是雨水、住的是土坯房、走的是泥巴路，做梦也不敢想，如今能喝上自来水、住上安居房、走上水泥路，上学看病也方便了"，麻黄山乡包源村村民穆汉富的一席话道出了盐池县众多农民的心声。

　　2018 年，盐池县 8 个乡镇有 2100 户的农户享受到了"厕所革命"带来的成果。"自从我们家改厕之后，现在房子里就有卫生间，干净又方便，如今的农村生活，不比城里的差，"王乐井乡三道进自然村村民王光林说。

　　2016 年以来，盐池县整合涉农扶贫资金，加大基础设施和公共服务建设投入，重点解决了 74 个贫困村的基础设施改善；2017—2018 年对贫困村基础设施进行巩固提升，重点解决了非贫困村的基础设施改善。全县总计建成村组道路 3345 千米，改造村庄巷道 1768 千米，实现了村组路网硬化全覆盖。其中，常住户 50 户以上的村庄通了水泥路或柏油路，20 户以上的村庄巷道通了水泥路，常住户低于 20 户的通了砾石路。同时，紧盯边远山村、边界村群众吃水难问题，实施了南部山区人饮管线改造提升工程，新增自来水入户 8782 户，自来水入户率达 99.7%，农村常住户全部喝上了放心水，从根本上暖了群众的心。

　　此外，盐池县将整村推进与美丽乡村建设、农村环境整治等相结合，实现全县 102 个行政村村级文化服务中心全覆盖，所有村卫生室全部达到标准化，宽带网络、广播电视全覆盖。采取客运公司＋公交公司运行模式，实现所有行政村通客车。通过政府购买公共服务方式，实现农村环卫保洁全覆盖，建立了农村环境保洁长效机制。

尤其是距离盐池县城较远，山大沟深、基础设施相对滞后的麻黄山乡，当地群众人畜饮用水无法得到保障。针对这一问题，盐池对当地人畜饮水问题进行了实地调研。针对技术要求高、施工难度大、运行管理成本较高的诸多难题，邀请区、市专家多次进行论证，数次召集县乡村三级干部研究讨论制订方案，多方征求群众意见优化完善方案，并协调争取各类资金5000余万元，实施了南部山区人饮安全供水工程，自此山大沟深的麻黄山老百姓，家家户户喝上了自来水。

2. 产业扶贫

在盐池县，憧憬和梦想每天都在发生和实现，成千上万的贫困人口正通过滩羊、黄花和牧草等多种产业扶持路径，重新获得自信和希望。

从2013年开始，盐池县坚持把滩羊、黄花、中药材、小杂粮、牧草等特色优势产业作为贫困群众脱贫的主导产业，出台了阶段性产业发展意见及年度产业发展实施方案，打响"绿色、生态、有机、富硒"四张牌，突出精细管理、精深加工、精准扶持，加快特色产业持续快速发展步伐。到2016年，盐池县特色产业发展框架基本形成，以滩羊为主导的特色产业产值占农业总产值的80%以上，辐射全县95%的贫困村和贫困户，冯记沟乡滩羊、惠安堡镇黄花、麻黄山乡小杂粮等特色乡镇产业示范带动作用显著增强。

2017年，盐池县按照"普惠＋特惠"原则，出台"特色产业10项"扶持政策，对所有农户实行县级主导产业政策全覆盖，对贫困户实行所有产业政策全覆盖，一般农户户均扶持5000元，建档立卡贫困户户均扶持6000元，推动以滩羊为主导，牧草、中药材、小杂粮、黄花为支柱，适合家庭经营小品种为补充的"1＋4＋X"特色优势产业做大做强。围绕品牌带动战略，组建了盐池滩羊产业发展集团和乡村滩羊协会，对产业链关键环节实行"六统一"措施，牢牢掌握滩羊肉市场价格话语权。坚持因户因人施策，出台小品种产业扶持政策，黑毛猪、滩鸡等适合家庭经营的小品种迅速发展，户均增收1500元以上。2018年，盐池县滩羊饲养量达到311.2万只，累计种植黄花8.1万亩、中药材6万亩、小杂粮44.2万亩、优质牧草14.5万亩，农民人均可支配收入达10599元。同时，积极探索旅游扶贫、电商扶贫、光伏扶贫等扶贫新业态，74个贫困村建设了村级光伏电站，实施了分布式和屋顶光伏项目，村集体每年增收22万元，3176户群众每年增收3000元，连续20年。

滩羊被当地群众称为脱贫致富的"小银行"。盐池县围绕滩羊产业高端化发展，制定了滩羊饲喂、屠宰、加工等 27 项标准，开发了盐池滩羊基因鉴定技术，在全国 35 个大中城市建立营销网络，盐池滩羊肉专营店累计达 226 家。盐池滩羊品牌价值不断提高，滩羊肉价格从 2015 年的 30 元/千克提高到 2018 年的 60 元/千克，盐池滩羊肉三上国宴，促进了市场价格稳步提高、销量明显增加，品牌影响力位居 2018 年中国区域农业畜牧类榜首。

在产业补助方面，盐池县每年都对政策进行调整、优化和完善，2016 年每户到户扶持资金为 12000 元，2017 年每户到户扶持资金为 6000 元。2018 年，盐池县按照"大干大支持、多干多支持"的原则，不设上限，建档立卡贫困户和非建档立卡户实行一个普惠政策。

青山乡古峰庄村民康金瑞饲养 300 多只滩羊，为康金瑞带来了一年近 20 万元的收入。他说："6 年前，俺家里只有几十只羊，村委会为了能让俺致富，帮俺争取了贷款，还争取了相关的政策补贴，短短几年，俺家羊就发展到了 300 多只。现在家里情况比以前好太多了，两个儿子也在县城里买了楼房，以后的日子，只会越过越好。"

3. 教育扶贫

教育扶贫，是阻断贫困代际传递的最有效途径。

　　"为了孩子，花多少钱都值得，为了教育发展，怎么花都不为过。"这是盐池县政府对发展教育的庄严承诺。

　　作为曾经的国家扶贫开发重点县，盐池县充分发挥教育扶贫在脱贫攻坚中的基础性、根本性、持续性作用，不断创新思路、强化举措，努力促进城乡教育水平不断提高升级。盐池在宁南山区率先实现教育强县目标，寄宿制管理经验在全区推广，盐池县学校标准化和信息化建设走在全区前列，率先实现基本普及高中阶段教育，义务教育均衡发展高标准通过国家验收，学前教育体制机制改革工作经验在全国推广，盐池县不断创新和突破，闯出了一条"穷县办好教育"的新路子。

　　盐池县义务教育经费近三年达到了"三个增长"，本级财政根据实际需要安排公用经费，重点向农村和薄弱学校倾斜，并逐年增长，小学、初中生人均公用经费分别达到 200 元和 220 元，位居全区前列。盐池成立了宁夏首家县级教育发展基金会，每年投入 320 余万元，用于优秀校长、教师奖励，资助困难家庭学生就学。重点实施了校安工程、薄弱学校改造等教育基础设施工程，全力推进学校标准化建设，全县义务教育学校办学条件得到均衡发展。盐池率先在全区全面实行 12 年免费教育。2017 年，盐池县实施了学前到大学直至就业的 16 项教育精准扶贫政策，义务教育阶段小学按时入学率达到 100%，初中按时入学率为 98.9%，义务教育阶段辍学率为 0，"两后生"全部享受县内免费职业教育，全县教育事业步入了科学和可持续发展轨道。

盐池县建立特殊群体关爱机制，将进城务工人员随迁子女就学纳入教育发展规划，进城务工人员随迁子女全部安排到公办学校就读；留守儿童就近安排在寄宿制学校就读，建立了乡镇、村干部联系责任制和教师"一对一"帮教制度，给留守儿童更多关爱。建立了民办特殊教育中心，县政府免费提供教学场地、房舍，生均按 6000 元标准拨付公用经费，并给予采暖费补助；投入资金 100 余万元，建设残疾儿童随班就读资源教室，使全县残疾少年儿童享受优质特殊教育服务，三类残疾儿童入学率达到 97.5%。全面落实学前两年教育资助、义务教育"三免一补"等政策，并通过盐池教育发展基金、燕宝慈善基金等各类资助项目，实现了学前到大学学生资助全覆盖。结合精准扶贫，免除了普通高中学生学费、书本费和寄宿生住宿费，并对全县中小学寄宿生给予交通补贴。新建改扩建学校食堂 27 所，对农村偏远学校的水、电、暖等设施进行全面改造，有效保障了农村学生就餐安全。目前县本级配套营养改善计划经费生均达到 440 元，为全区最高。

盐池教育"一个也不能少，一个也不掉队"的信念，保障了每个适龄少年儿童公平享受教育的权利。"雨峡基金""陈海助学金""工会班"等，政府的关爱、社会的资助让贫困家庭的孩子再无失学之忧。2006—2016 年，盐池县接受社会捐资助学 2114 万元，资助贫困学生 28.4 万人次。2018 年，盐池县落实教育扶贫资金 3517 万元，为 1332 名大学生和 510 名困难学生分别发放燕宝慈善基金 666 万元和 102 万元，为 2306 名大学生办理生源地助学贷款 1555 万元，做到应贷尽贷。

4. 科技扶贫

成立于 2016 年的花马池镇专家服务团现有专家 11 名，主要服务该镇 24 个行政村，3.6 万人口。

该专家服务团探索建立会员"1+1""企业＋贫困户＋基地"和"企业＋贫困户＋协会""支部＋协会＋贫困户"等助贷扶贫模式，把协会建到金融链、产业链上，真正把基层协会与金融扶贫拧成了"一股绳"，实现合作共赢。

同时，积极开展专家与建档立卡贫困户一对一跟踪指导服务，按照不同产业、种植（养殖）季节，前往农户及田间地头开展现场指导、咨询服务等。先后举办各类技术培训班 28 期，受益群众 12000 余人次，解决难题 149 个，辐射带动了 3000 余户贫困户，有力地促进了农业增效、农民增收。

盐池县以聚力科技脱贫攻坚，推进特优产业发展为主体，以技术为支撑，推广了一批新品种新技术，培养了一批懂技术会经营的新型农民，带动了农民科技致富。盐池县充分发挥"中国滩羊之乡""中国甘草之乡""中国荞麦之乡"品牌优势，制定"创新驱动 28 条"等科技创新支持政策，组建了滩羊选育场、滩羊繁育中心，制定滩羊饲喂、屠宰、加工等 27 项生产技术规范，培育了 320 个标准化滩羊养殖园区和 40 个养殖专业村，特别是利用基因重组测序等方法开发出盐池滩羊基因鉴定技术，保证了滩羊肉品质纯正。盐池还建立 3 个产业研究中心、7 个科技种植示范基地，先后示范推广 110 余项新技术，带动全县年均种植黄花菜 8.1 万亩、小杂粮 40 万亩、中药材 6 万亩。特色产业对农民增收贡献率达 80% 以上，贫困户人均可支配收入突破 9000 元。

盐池县田丰甘草种植专业合作社理事长郭万福育有 170 亩甘草种苗，他在科技部门的指导下，采用宽膜覆盖膜下育苗新技术，亩均栽植密度达 1.5 万株，亩产达到 800 千克，产值 5000 元以上，是过去传统种植方式的三四倍。郭万福说，这两年甘草价格逐渐回升，合作社不仅育苗，还搞甘草切片加工，是科技助力盐池甘草华丽转身。

始终把防沙治沙、绿化家园作为扶贫开发的重中之重。盐池县坚持科学治沙、科技兴林，一张蓝图绘到底，先后与自治区农科院、北京林业大学等科研院校合作，开展了沙漠化土地综合整治试验等 10 余项科技课题研究，推广应用了干旱带流动半流动沙丘固沙植树种草等 8 项治沙技术，在抗旱造林技术等方面取得重大突破。通过实施三北防护林等重点生态建设工程，建成哈巴湖国家级自然保护区等 21 个省部级以上防沙治沙综合治理示范区，实现了"人进沙退、山川披绿"。

盐池县每年举办种养殖等方面科普知识讲座 60 余场次，并选派 160 余名科技特派员、30 余名"三区人才"和 12 名科技扶贫指导员，深入乡村结对开展技术指导，帮助群众树立想富、敢富、能富的心气劲。大力实施新型职业农民培育工程，先后建立 5 个创业示范园区、7 个产学研科教示范基地、4 个星创天地、1 个众创空间，创办了"田间课堂""三农新型平台"等农技培训平台，实现了有条件的贫困人口每人掌握 1—2 门实用技术。建立了宁夏首个县级科技馆，建成了一批农村科技文化大院。通过深入开展"崇尚科学、反对迷信"等活动，引导贫困群众破除宁愿受穷也不愿受累的旧观念，营造了光荣脱贫、科学致富的新气象。

5. 文化扶贫

"治贫"必先"治愚"。

大力发展农村的文化事业，提高农民群众思想文化素质和科学技术水平，是促进农村经济发展，从根本上改善农民群众生活的关键所在。从某种意义上说，文化不脱贫，就算不上是真正的脱贫。

1980年以前，盐池县只有大水坑公社一处文化站。1986年，高沙窝建成文化中心，同时期，不少行政村也建立起文化活动点，使农村群众文化生活出现了新鲜局面。

之后，盐池县大力推进文化建设，文化事业呈现出良好发展的态势。"十二五"末，全县已建成宣传文化中心、文化馆、图书馆、博物馆等，每年举办各类大型文艺和广场文化演出150余场次，观众超过100万余人次。

2016年，盐池县创建国家公共文化服务体系示范区，文化馆、图书馆、博物馆全面免费开放。2017年，依托"中宣部百县万村"和宁夏文化扶贫工程，盐池县严格按照自治区"七个一"标准，高标准建设103个村综合文化服务中心，文化活动室、文化广场、乡村大舞台、公共图书（电子）阅览室、各类器材等功能设施完善，活动设备齐全。农村广播电视"户户通"、农村智能广播"村村响"。"真情连万家、文化惠民生"送戏下乡，"文化旅游赶大集"等特色文化惠民品牌活动深入开展，2017 年全县各类文艺演出300 余场次。刺绣等文化产业扶贫工作开展得有声有色，2017 年盐池县共举办 13 期文化培训班，参加培训人员 800 人，参加培训学员人均年收入增加逾万元，农村百姓既富了"脑袋"又富了"口袋"。

扶贫不仅要扶物质，也要扶精神、扶智力、扶文化。

精神脱贫方面，盐池县大力开展"三先开路话脱贫"主题巡回宣讲活动。从 2017 年 11 月起，各乡镇推选 61 名脱贫典型、致富带头人深入乡、村、组开展"三先开路话脱贫"巡回宣讲活动，通过贫者说贫、典型引路，用身边的事教育身边的人，进一步激发广大群众的内生动力，有效解决了一些贫困群众思想上过度依赖政府——"等着政府送小康"的问题。2018年共宣讲了 119 场，受教育群众 3 万人次。

2018 年，盐池县致力以文化人，深入推进公共文化服务体系建设，新建县文化馆、图书馆等基础设施，对全县 102 个行政村文化站进行改造提升，实现县、乡、村三级公共文化服务网络全覆盖。进一步放大盐池元素，常态化开展"盐州大集·民俗嘉年华"、滩羊美食文化节等特色节会，创新"互送共享"文化惠民模式，打造广场文艺演出、农民文艺会演等六大文化惠民品牌，年均送戏下乡70余场次、举办广场文化活动60余场次，形成了城乡文艺互动、城乡居民同乐的良好局面。

针对部分乡村群众盲目跟风，婚丧嫁娶大操大办，人情礼金居高不下等旧习惯、旧陋习，盐池县充分发挥"村规民约"和禁赌禁毒会、红白理事会等"一约四会"的作用，出台盐池县乡风文明建设工作方案，明确规定婚丧嫁娶随礼金额和菜品标准，引导群众简办婚丧嫁娶事宜，全面提升农村精神文明建设水平。用好管好103个村级综合文化服务中心和高沙窝镇民风教育基地，新建45个民风教育室，积极运用民风教育室、纪念馆等教育阵地，引导干部群众忆家史、学村史。

6. 健康扶贫

盐池花马池镇柳杨堡村村民刘凌清患慢性肾脏病，2018年6月28日在永宏一药店购买麦考酚钠肠溶片和他克莫司胶囊药品，共计5280元，根据盐池县健康扶贫新政策，刘凌清享受"三定一限"救助，由财政补助2640元，个人实际自付2640元。刘凌清是盐池县健康扶贫的众多受益者之一。

盐池县围绕让贫困人口"看得起病、看得好病、能少得病"这一目标，不断完善报销、救治和预防等各类健康扶贫政策，有效解决因病致（返）贫的难题。盐池县把健康扶贫作为脱贫攻坚的基本保障，织牢防病治病的安全网，积极探索，创新实践，着力解决大病救助保障力度不够、医疗能力弱、群众健康意识低、就医负担重等难题。尤其是 2017 年以来，盐池县着力解决大病救助保障力度不够、医疗能力弱、就医负担重等难题，走出了一条健康扶贫的精准之路。

针对因病致（返）贫率高、60 岁以上患地方病较为突出、慢性病报销比例低等问题，盐池县积极探索创新举措，提高医疗保险参保补助标准。对建档立卡贫困户缴纳城乡医保二档或三档的，由县财政补助一档费用。成立了宁夏首个县级卫生发展基金，探索建立"四报销四救助"（基本医保报销、大病医疗保险报销、大病补充医疗保险报销、家庭综合意外伤害保险报销，民政医疗救助、扶贫慈善救助、财政救助、卫生发展基金救助）补助体系，确保贫困群众年度门诊个人医疗费用支出不超过 15%，住院个人医疗费用支出不超过 10%，年度累计个人支付不超过 5000 元。2018 年，盐池县救助 6141 人次，共计支付 479.24 万元。截至 2018 年 7 月，盐池县共有 1271 户群众 23244

人次从中受益，因病致贫人口由 2016 年年底的 3078 户 7992 人下降至 195 户 463 人，建档立卡贫困患者住院医疗费用实际报销比例达到 92.3%。

推行"先诊疗后付费"服务模式，实施"一站式"结算，患者只需支付医保报销后个人负担的费用，确保医疗报销救助无缝隙、全覆盖。对高血压、糖尿病患者门诊购药报销后个人自费部分实行所有农户补助 60% 的普惠政策；对慢性病和地方病扩大报销范围、提高补助标准。2018 年盐池县增加了医保救助边缘人群的救助力度，对农村 60 周岁以上患有腰腿痛疾病的老年人，在门诊购买治疗药品补助 670 元，使报销额达 1000 元。

同时，大力推进健康服务工程，创新开展"五项补助"服务项目，为所有建档立卡贫困户开展家庭医生签约服务，每人补助 100 元签约服务包；为 1970—1989 年出生的盐池户籍人口全额补助乙肝疫苗费用；为 7—9 岁儿童窝沟封闭进行全额补助；为全县 822 名农村孕妇预防新生儿缺陷筛查进行全额补助；为 11267 名原发性高血压、Ⅱ型糖尿病患者门诊购药进行补助。为 8112 名因病致贫、慢性病患者进行了免费体检，为 4000 多名大病患者落实医疗报销政策，全县建档立卡贫困户基本医疗保险参保率达 100%。

盐池县还成立了健康促进委员会，建立了健康促进工作网络，全面开展"健康盐池大讲堂"等活动，倡导健康文明的生活方式，不断巩固健康促进县创建成果，提高全民健康素养和防病治病意识。

7. 生态扶贫

"生态也能当饭吃。"这是盐池县贫困群众过去想也不敢想的事。

陈吉元是盐池县花马池镇猫头梁村村民，2015年，他看到家乡的生态环境越来越好，便返乡成立了公司，流转当地农户土地，以"公司+合作社+农户"为发展模式，带动合作社及农户大力发展集牧草种植、特色采摘、特色种养、旅游垂钓于一体的综合性生态农业园区。

他鼓励建档立卡户进入园区实行生态脱贫，积极探索以棚为单位的承包种植模式，公司无偿提供技术指导和种植苗木，农户进行田间管理和经营，公司和农户均分利润，每年保证80户贫困户每户纯收入达到1.5万元。"我们依托这里良好的生态，创新发展模式，以绿生金，带动更多的群众依靠生态脱贫致富，"陈吉元说。

多年来，盐池县始终坚持"绿水青山就是金山银山"理念，贯彻"生态立区"战略不动摇，一任接着一任干，一张蓝图绘到底，持续推进生态建设。探索出了"北治沙、中治水、南治土"的总体思路,形成了防沙治沙的"盐池模式"。2012年,盐池县提出建设"富裕盐池、民生盐池、和谐盐池、美丽盐池",与全区全国同步进入全面小康社会的目标,坚持生态建设与经济、社会建设并重。

这些年来,盐池生态建设取得的成效,彰显了盐池革命老区儿女数十年抗击沙害、顽强植绿,众志成城、持之以恒的坚强意志。

"十二五"期间,盐池县防沙治沙投工投劳20万余人次,投入资金达3.2亿元,治理面积50余万亩,建成防沙治沙综合治理示范区12个。2002年11月,盐池县率先在全区实行草原禁牧,草原得到了休养生息,确保禁得住、管得好、不反弹,实现了生态保护、人的生存和滩羊养殖三者之间的良性发展。更为重要的是,盐池县依托优势,突出特色,谱写生态"产业曲",每年为农民创收超过3亿元。做好生态环境"保护、治理、开发"三篇文章,利用盐池柠条资源,大力发展柠条转饲加工,以林补饲,以林助畜。先后建成饲草配送中心7个,柠条饲草加工厂8个,辐射带动加工点106个,每年为畜牧业提供饲草40余万吨。良好的生态环境带动了生态旅游业发展。目前,盐池县已打造花马寺生态旅游区、哈巴湖景区、白春兰防沙治沙业绩园、长城旅游观光带等生态旅游景点,培育了长城自驾、乡村休闲、农家体验等特色旅游产品。生态旅游已成为县域经济发展新的增长点，年接待游客 50 万人次，创收 5000 余万元。

坚持脱贫攻坚与生态保护并重，2017 年，盐池县大力实施精准造林工程，发展林业产业，重点做好生态环境建设、清洁能源利用、农村环境保洁等方面工作，不断巩固生态建设成果，推动绿色发展。全年共计完成柠条平茬 20 万亩、封山育林 2 万亩、人工造林 30437 亩，重点实施长城旅游观光带生态修复、美丽村庄绿化、经果林基地建设等九大造林工程。为全县 650 个自然村每村配 1 名环境卫生保洁员，其中建档立卡贫困户 650 人；安排 600 名建档立卡贫困户人员为护林员。2018 年，盐池县聘任 980 名有劳动能力的建档立卡贫困人口就地转成生态护林员，每名护林员年均增收 1 万元；并为 5338 户建档立卡户兑付生态效益补偿资金 297.5 万元。

8. 生态移民

在盐池县花马池镇盈德村村民雷刚家中，100 多平方米宽敞明亮的砖瓦房里暖意融融。火炉上炖着羊肉，茶几上摆着水果、瓜子，女主人在阳光充足的室内阳台上晾着衣服，雷刚在铺设平整的院子里擦拭着自家的车。

"俺们 2002 年从固原移民到盈德村，刚来的时候，吃饭都是问题。这些年，俺靠着种黄花、打工，日子过得一天比一天好，房子盖了新的，车也买了，娃上学都不成问题。俺相信，未来的日子，肯定会更好，"雷刚自信满满地说。

盐池县的移民搬迁经历了 4 个阶段，从 1986 年起，盐池县开始组织对一些生产生活条件差，一方水土养活不了一方人的地区群众进行吊庄搬迁，先后由苏步井、冯记沟、后洼 3 个乡向灵武狼皮子梁和青铜峡甘城子吊庄搬迁 434 户 2049 人。1992 年，盐环定扬黄工程盐池灌区开工兴建，盐池县拉开了县内移民的序幕。

易地扶贫移民工程被称为"生态移民工程"，花马池镇南苑新村是盐池县于 2008 年开始建设的县内生态移民新村，先后搬迁安置县内 8 个乡镇移民群众 886 户 2479 人。政府为每户补贴 1.2 万元建起 3 间砖瓦房，户均分到 1 栋温棚、1 座养殖暖棚和 1 亩经果林。1992—2010 年，盐池县通过县内生态移民，先后开发水浇地 20.3 万亩，搬迁安置移民 1.01 万户 4.2 万人。特别是 2002 年，盐池加大扶贫开发力度，农民人均纯收入从 2002 年的 1429 元增加到 2010 年的 3670 元，贫困人口由 2002 年的 6.1 万人下降到 2010 年的 3 万人。

　　2011 年，盐池县十六堡生态移民新村启动建设，整合生态移民、扶贫移民等项目，建设设施齐全、功能完善、富有特色的新型生态移民新村。2012 年，盐池县着力打好移民异地搬迁致富和就地扶贫开发两场"硬仗"，进一步完善十六堡、北塘生态移民新村后续配套设施，加快推进产业发展、就业培训和社会管理等工作，高标准完成了隰宁堡生态移民新村建设，积极扶持鼓励 4.5 万名困难群众大力发展雨养农业、特色养殖、劳务输出等产业，就地脱贫致富步伐不断加快。

　　"十三五"期间，盐池县确定移民安置点 10 个，搬迁建档立卡贫困人口 519 户 1602 人。按照"实施一个搬迁新村，安置好一方群众，实现一方人脱贫奔小康"的要求，盐池县对移民新村布局、民居设计、村容村貌和产业发展进行科学规划，按照"一乡一业""一村一品"原则，因地制宜确定移民主导产业。鼓励移民发展以滩羊为主，中药材、黄花、牧草、小杂粮为辅，乡镇多种经营为补充的"1 + 4 + X"特色优势产业，形成了青山乡旺四滩村"龙头企业 + 农户"、王乐井乡曾记畔村"支部 + 产业 + 金融"等产业发展模式。另外，依托惠安堡镇萌城、高沙窝镇区、大水坑镇区企业多、务工需求大的优势，形成了以劳务为主的脱贫致富模式。与中民投合作，对 448 户建档立卡搬迁户实施光伏扶贫，每户每年发电收益稳定在3000—5000元，可持续受益25年。依靠各类培训项目对移民进行种养殖技术、驾驶、厨师、家政、电焊等技能创业培训，增强移民脱贫能力，实现易地扶贫搬迁"挪穷窝、换穷业、拔穷根、脱贫奔小康"的目标。

9. 就业创业

就业是民生之本、脱贫之要。

脱贫攻坚工作开展以来，盐池县积极开展精准就业扶贫工作，把就业与社会保障捆在一起，为困难群众打造创业就业"直通车"，让无技术、找不到工作的群众通过就业培训，纷纷找到了增收渠道，为广大贫困户"拔穷根"提供了坚强有力的就业保障。

盐池县建立覆盖全县8个乡镇102个行政村的技能培训、社保、劳务联系点，为8个乡镇配备服务专干、每个行政村聘请1名联络员，精确掌握每一位贫困劳动力就业及社保情况。同时，开展春风行动暨脱贫富民现场招聘会、闽宁劳务协作就业扶贫专场招聘会和高校毕业生供需见面招聘会，充分用好用足现有就业创业政策，促使贫困劳动力提升能力，转移就业，提高收益，焕发就业活力。

2014年以来，盐池县共发放全民创业担保贷款6171笔43291万元。共开展各类培训班81期，培训

3364 人，共为经培训取得职业资格证书的 2239 名建档
立卡贫困人员发放就业创业奖励补贴 442 万元。打造
"盐池家政"品牌，共培育家政公司 13 家，培训家政
服务人员 450 余人次，通过品牌带动 210 人从事月嫂
工作，从业地点覆盖盐池、银川、前旗、定边等地区。
积极开展校企、民办职业机构与企业对接合作，建立
维权互通机制，为输出劳务人员提供工作和生活保障。

2018 年，盐池县累计创建就业扶贫示范基地、农
民工等人员返乡创业示范园区、扶贫企业、扶贫车间
等 29 个，吸纳就业 687 人；发展劳务中介组织 26 家，
培训劳务经纪人 148 名，吸纳就业 1560 人次。宁夏宁
鲁石化有限公司和中民新能宁夏盐池有限公司是盐池
县第一批全国就业扶贫基地，青年创业园、金裕海化
工、恒纳地毯、长江酒店 4 家进入自治区就业扶贫示
范基地行列。认定原野蜂业、春雪荞麦等 20 家就业扶
贫企业，建立向阳花手工艺品等 3 家就业扶贫车间。
盐池汽配物流园、世纪商贸广场等 5 家为盐池县农民
工等人员返乡创业示范园区，涌现出如退伍军人陈纪
元、高校毕业生杨彦昭等返乡创业致富带头人。

同时，盐池依托油气化工、建材、新能源等优势
工业和滩羊、黄花、小杂粮、牧草等特色产业，带动
贫困劳动力实现就地就近就业。

2013 年，杨彦昭从高校毕业返回大水坑镇二道沟

村创业，他成立湖生种养合作社，陆续流转了 6118 亩闲置土地。盐池县就业部门对杨彦昭给予帮扶，不仅帮他办了 200 万元的贴息贷款，还赠送给合作社一台价值 60 万元的小杂粮加工设备。杨彦昭也自发延长产业链，新建小杂粮加工厂、滩羊养殖大棚和生猪养殖大棚，发展循环农业。2018 年，湖生种养合作社的 161 户社员户均增收 3000 元，杨彦昭切实感受到了自己事业的价值。在杨彦昭的带动下，二道沟村已经成立了 6 个专业种养合作社，近百名中青年村民回乡就业。这些返乡就业创业者推动盐池扶贫向"造血型"转变，脱贫步伐大大加快。

2018 年，盐池县实现农村劳动力转移就业 4.6 万人次，转移经济收入 4.8 亿元。

10. 社会保障

社会救济保障是党为人民服务宗旨的具体体现。

对完全或者部分丧失劳动能力，靠自身条件无法脱贫或者难以脱贫的人，只有通过社会保障实施政策性兜底脱贫，才能彻底"兜"起脱贫"底线"。

盐池县按照"五个一批"中的"社会保障兜底一批"脱贫目标，将农村低保制度与扶贫开发政策有效衔接，对无法依靠产业扶持和就业帮助脱贫的人口实行政策性兜底，实施农村低保救助、特困人员供养民政政策性兜底保障，健全医疗救助、临时救助体系，为盐池县贫困人口编织了一张结实的民生保障网。

截至2017年年底，盐池县资助参保16536人，发放救助金117.5万元；医疗救助4347人次，发放救助金545.9万元，其中建档立卡户2236人次，发放救助金174.4万元。

汪荣曾经是一名民兵营长，后在花马池镇长流墩村供销社工作。1995年退休后，汪荣一直以种植、养殖为生，因多年角膜炎无法劳作，后来妻子也因慢性膝关节炎常年卧床。2015年，因人年均收入低于3200元，汪荣家被确定为该村贫困户。"现在政策好啊，只要还能动弹，咱就有实惠、有补助。老了有养老金、低保金，病了有医疗保险，养羊有补助，种地也有补助。只要勤快，就有收入。"汪荣没有一丝后顾之忧。如今，汪荣家里养了40多只滩羊，20几只滩鸡，人均年收入13000元左右，已在2016年年底脱贫。

盐池县通过建立低保标准量化调整机制，实现"两线合一"。按照实行农村低保制度兜底脱贫的任务要求，进一步完善农村低保标准和救助水平与经济发展水平、物价水平相适应的调整机制，通过逐步调整低保标准与扶贫标准的差距，稳定提升兜底保障水平，从2016年起，该县将农村低保标准由2400元/年提高到3150元/年，实现农村低保标准线和扶贫线"两线合一"。截至 2018 年，盐池县共有农村低保对象 6360 户 9859 人，低保覆盖率达到 7.3%，全年共发放农村低保金 4400.4 万元，有效保障了困难群众的基本生活。同时，通过建立健全低保对象动态调整机制，对低保对象实行分类救助，加强低保制度和扶贫政策的衔接、沟通等工作，把通过采取各项帮扶措施依然无法脱贫或特殊原因致贫的困难家庭，及时纳入低保范围，做到应保尽保。

据统计，按照"五个一批"的精准扶贫要求。2017 年年底，盐池县有民政兜底救助对象 5674 人，占贫困人口的 16.7%，发放低保金 1867.1 万元。同时，对于散居供养人员，盐池县全面建立特困供养标准动态调整机制，按照不低于上年度当地居民人均消费性支出的 60% 合理确定供养标准。截至 2018 年，该县共有特困供养人员 450 人，2017 年将散居供养标准由 263 元/月提高到 437 元/月，集中供养标准由 600 元/月提高到 845 元/月，有效保障特困供养对象的基本生活。

11. 危房危窑改造

让农民住上安全住房，是盐池县精准脱贫的重中之重。

洁白的墙壁、独立的卫生间、崭新的门窗和顶棚，盐池县王乐井乡刘四渠村温顺的家中，新盖的房子和几间破旧的房屋形成了鲜明的对比。老人指着眼前的旧房屋说："这几间旧房子都住了 30 多年了，能够住进宽敞明亮的富民安居房是我多年的梦想，现在梦想成真，每天看着敞亮的新房子，我的心里总是美滋滋的。"

2018 年对于冯记沟乡暴记春村村民杨科一家人来说可谓是喜上添喜。"多亏了危房改造，要不做梦都没想到这辈子还能住上属于自己的房子，"杨科说。

像温顺和杨科一样，2009—2018 年上半年，盐池县共筹措各类项目投资 6.29 亿元，共解决农村 12095 户困难群众的住房问题，实现了所有农户安全住房有保障。

20 世纪 80 年代后，农村住宅开始使用砖瓦，经济条件差一些的农户，建土房用砖"穿靴戴帽"；经济条件宽裕的家户建砖木结构平房，并逐步向瓦房过渡。南部山区住窑洞的农户也开始告别土窑，向砖瓦房过渡。盐池县于 1987 年开始农村住房抗震加固改造工作，"十一五"末到"十二五"期间，盐池县结合社会主义新农村建设，加大农村危窑危房改造力度，通过维修加固、群众自建、政策兜底、易地搬迁等具体措施，改善了广大农村群众的居住条件。

2014 年，盐池县按照推进新型城镇化发展和脱贫攻坚总体要求，以开展农村危窑危房改造、美丽乡村建设、农村人居环境整治等村镇建设重点工作为抓手，着力完善农村地区基础设施建设，改善农村地区面貌环境。紧紧围绕解决农村危窑危房户和无房户"不愁住""住房有保障"目标，以农户自筹为主，以政府补助、政策扶持和社会参与等措施为抓手，切实解决农村住房安全问题。

针对多年来群众建房积极性不高、危房存量较多的问题，2017年，盐池县在自治区对"四类人员"（建档立卡贫困户、低保户、农村分散供养特困人员和贫困残疾人家庭）补助1.8万元的基础上，将补助资金提高到3万元。按照安全住房标准，采取"十个一批"措施（维修加固、群众自建、政策兜底、购房安置、易地搬迁、集中建设、周转房安置、公租房扩面、租赁补贴和有偿拆除），对建档立卡贫困户和非建档立卡户危房危窑改造实行普惠政策。两年内新建危房危窑6991户，维修加固住房4170户，对37183户农村常住户住房全部进行了安全住房鉴定，实现了所有贫困户住房安全有保障。

2014—2018年上半年，盐池县紧紧围绕自治区"规划引领、农房改造、基础配套、收入倍增、环境整治、生态建设、服务提升、文明创建"八大工程要求，先后投入资金4亿元，累计实施了大水坑镇自治区级特色小镇建设，大水坑镇、惠安堡镇、高沙窝镇、麻黄山乡美丽小城镇建设，建设美丽村庄 47 个。在推进美丽乡村建设中，按照"五通八有"要求，扎实推进贫困村硬化、绿化、美化等改造，基本实现了贫困村基础设施"七个全覆盖"。围绕乡村产业发展、公共服务提升等方面，新建改造了一批农贸市场、垃圾中转站、公共厕所等配套设施，实现了所有乡镇、行政村文化广场全覆盖。

（四）脱贫攻坚的巩固和提升

坚持精准扶贫要求。聚焦解决贫困村户、贫困人口在脱贫中存在的用水问题，落实水利扶贫精准机制，确保项目安排精准、资金落实精准、效益发挥精准，做到真扶贫、扶真贫。

坚持提高工作质量。更加注重水利工程建设对脱贫攻坚和区域发展支撑保障作用的发挥，注重工作实效，不搞形象工程；注重提高效率，合理确定工程建设周期，不赶时间进度，不搞拖延耽误。

坚持协同共向发力。坚持政府主导，引导社会和市场协同发力，紧密结合中央、区、市、县支持贫困县区发展的政策和措施，不断压实各级主体责任，强化各部门间沟通协调，做好资金项目充分对接、统筹安排，形成攻坚合力。

1. 全面推进农村饮水安全巩固提升。在实现水质达标率100%、常住户自来水入户全覆盖的基础上，加快实施农村饮水安全巩固提升工程和人饮信息化项目建设，不断加大人饮基础设施改造力度，逐步建立"从源头到龙头"的农村饮水工程建设和运行管护体系，进一步提高农村集中供水率、自来水普及率、供水保证率和水质达标率，提升农村饮水安全和供水保障水平，巩固城乡供水一体化建设，促进盐池县稳步向智慧水务服务平台发展。同时，进一步加强饮用水源保护，加快配套完善水质净化设施设备，定期开展水质检测监测，提高水质保障水平。到2020年，全县人饮水集中供水率达到100%，人饮安全普及率达到100%，水质达标率100%，全面解决贫困人口饮水安全问题。

2. 大力推进高效节水灌溉设施建设。加大高效节水灌溉建设力度，年均发展高效节水灌溉面积2.5万亩，全县高效节水灌溉总面积达到46.8万亩，实现全县高效节水灌溉全覆盖。同时，加快灌区配套设施完善，补齐灌区基础设施短板，持续推动灌区灌排设施提档升级，优化水资源配置水平，全面提高农业节约集约用水水平。

3. 持续加大水土流失综合治理。结合全县脱贫攻坚大局，以项目扶持为主导，大力推进坡改梯、洪漫坝等水保项目，在黄土丘陵区通过以"山、水、田、林、路、草"等综合治理措施为主的小流域综合治理和生态环境治理，年均完成水土流失治理面积80平方千米。到2020年，全县水土流失治理面积达到4800平方千米以上（小流域综合治理累计完成水土流失治理面积达到1200平方千米以上），治理率达到68.4%，水土流失趋势得到明显遏制。

4. 扎实开展水库移民脱贫攻坚工作。结合乡村振兴战略，进一步推进水库移民后期扶持工作，精准帮扶3597个贫困家庭增收，完成贫困水库移民脱贫。

全面解决贫困人口饮水安全问题。持续实施盐池县人饮提升改造工程和农村饮水安全信息化项目，强化工程建设管理和运行管护，进一步提升农村饮水安全和供水保障水平。到2020年，全县人饮水集中供水率达到100%，人饮水安全普及率达到100%，水质达标率100%。

不断改善水利基础设施条件。大力实施高效节水灌溉，年均发展高效节水灌溉面积2.5万亩，恢复和改善灌溉面积2.5万亩；全面完善农田水利灌排配套设施，进一步提高水资源配置水平；持续推进水土保持治理，年均完成水土流失治理面积80平方千米。到2020年，实现全县高效节水灌溉全覆盖，水土流失累计治理面积达到 4800 平方千米以上。

支持更多贫困人口实现增收脱贫。全面实施大中型水库移民后期扶持项目，精准帮扶 3597 个贫困家庭增收，完成贫困水库移民脱贫。

5. 认真抓好水利劳务扶贫工作。坚持水利部门主导、市场引导和群众自愿参与的原则，采取多种形式，促进有劳动能力的贫困人口参与水利工程管护；优先聘用有相应技术能力的建档立卡贫困户人员作为村级水利工程管护员、河道保洁员、河堤巡护员、河湖管理员，推动水利工程与河长制河沟管护岗位年均吸纳 150 人以上建档立卡贫困家庭劳动力就业增收，实现水利发展和脱贫富民的双赢目标。

6. 扎实做好定点扶贫工作。及时督促各帮扶责任人做好政策宣讲、信息咨询、产业扶持等方面的工作，帮助贫困户理清发展思路，切实做到勤入户、多沟通、谋措施、解难题。同时，对 3 个结对帮扶村实施防洪治理、蓄水池维修、涝池清淤、洪漫坝维修、道路硬化等工程，帮助解决帮扶村生活和生产困难问题，改善当地的防洪能力和农业生产条件，为盐池县脱贫富民打好基础。

党的十一届三中全会后，盐池县委、县政府积极以经济建设为中心，对促进国民经济发展进行"调整、改革、整顿、提高"。1979 年确立了"以牧为主，大力种草种树恢复植被，调整生态平衡"的工作方针。1981年10月，全县97.6%的生产队实行包干到户。1984年7月20日，中共盐池县委第七次党代会确定了"以经济建设为中心"的总方针，提出"一改二靠"（加快改革步伐，靠政策、靠科学）和"两建"（建好小型水利、建设人畜饮水工程）、"两包"（南部山区包小流域治理、中北部地区包治沙）发展思路；农业推广"两法种植"，畜牧业推广"以草定畜"和"三高一快"；积极推动深化农村、深化城市经济体制改革。

1. 加强组织领导，明确责任主体。全面贯彻落实区、市、县各项安排部署，根据自治区、市水利部门重点出台和落实向贫困县区倾斜的政策和措施，结合《盐池县水利发展"十三五"规划》《盐池县农村饮水安全巩固提升工程"十三五"专项规划》，统筹协同推进水利扶贫工作。局属各站所、科室作为水利扶贫实施的责任主体，要严格按照分级负责的原则，充分发挥组织领导和协调指导职能，及时研究解决水利扶贫工作中遇到的困难和问题，统筹资源、强化实施，全面做好扶贫工作落实、工作保障和监督管理职责，确保如期完成建设任务。

2. 强化监督检查，全程跟踪问效。把水利扶贫举措实施情况作为监督检查的重点，对任务不明确、责任不落实、工作不到位、措施不得力的站所、科室及时问责。加大对水利扶贫项目建设和资金使用管理的监督，强化工程质量和安全监管，在加快项目建设进度的同时，及时督促各方认真履行合同管理、工程监理等制度，严把工程质量关和验收关，确保工程按期保质保量建设完成、及时验收交付使用。同时，各站所、科室要强化廉政风险防控，把水利扶贫作风建设贯穿脱贫攻坚全过程，积极组织开展水利扶贫领域作风建设专项检查，不断改进工作方式方法，集中力量解决"四个意识"不强、责任落实不到位、工作措施不精准、资金管理使用不规范、工作作风不扎实等突出问题，确保各项水利扶贫工程安全、资金安全。

3. 压实水利扶贫责任，提升工作实效。严格落实农村饮水安全保障地方行政首长负责制，建立健全政府"一把手"负总责、分管领导具体负责、各部门合力推进的工作机制，全面抓好组织实施、资金筹措、人员编制和经费落实等工作，切实保障农村饮水安全工程建设和运行管护。

4. 强化建设管护，提升工程效益。严格执行工程建设"旬报告，月调度，季通报"制度，落实工程建设质量责任，及时组织竣工验收，做好项目公示，主动接受社会各界监督，确保项目精准落地；坚持问题导向，对电话信访、督导检查、基层群众反映、新闻媒体报道、帮扶力量反馈的各类农村饮水安全问题，建立清单管理、问题反馈、销号办结制度；并结合小型水利工程管理体制改革，进一步明晰工程产权、使用权，健全管护机制，确保工程有人管、供水有保障。

5. 加强宣传培训，营造良好氛围。加大对水利扶贫的宣传力度，充分利用广播、电视、报刊、网站等媒介，大力宣传习近平总书记扶贫重要论述和中央关于脱贫攻坚重大决策部署，重点宣传盐池县水利扶贫工作进展和成效，引导广大群众和社会各界充分领会县委、县政府和各级水利部门推进水利扶贫工作的决心，全力营造全社会关心支持贫困地区水利改革发展的良好氛围。

四　盐池实现脱贫和蝶变的案例

脱贫攻坚事关全面建成小康社会，事关人民福祉，事关巩固党的执政基础，事关国家长治久安，事关中国国际形象。打赢脱贫攻坚战，是促进全体人民共享改革发展成果、实现共同富裕的重大举措。消除贫困，改善民生，最终实现共同富裕，是社会主义的本质要求，是中国共产党的历史使命。从南湖红船起航，中国共产党始终没有忘记出发的方向，始终把人民群众过上美好生活的期待放在心头。

精神上的贫困，往往比物质上的贫困更可怕。"只要有信心，黄土变成金"，也为盐池县的广大干部群众深深认同。合抱之木，生于毫末；九层之台，起于累土。"全面小康，一个也不能少。"面对党中央如山如海的庄严承诺，盐池县把脱贫攻坚作为最大的政治任务和第一民生工程来抓，怀着对美好生活的无限向往和憧憬，下足"绣花"功夫，攻克贫困堡垒，朝着决战脱贫攻坚、决胜全面小康的目标砥砺奋进。

（一）凝聚党政干部之力共战贫穷

红色，赋予了盐池永恒的底色。脚下沾有多少泥土，心中就沉淀多少真情。脱贫攻坚，一头连着党的为民情怀，一头连着百姓脱贫致富的期盼，作为盐池县锤炼干部作风的主战场，脱贫攻坚这场硬仗检验着党员干部弘扬革命老区精神的"力度"、为民情怀的"厚度"、党性自觉的"纯度"。

1. 惠民利民事认准了就干

2019 年 2 月，在王乐井乡牛记圈村刘向庄标准化养殖场，一排排棚圈整齐排列，一只只羊儿膘肥体壮，欣欣向荣的致富景象跃入眼帘。

"养殖场之前没有周转资金，没有草料房，没有饲料加工机械，老百姓很难解决这一大堆问题。吴副县长在了解到这些情况后，不嫌烦，不嫌脏，在羊圈里盯住解决这些问题，群众打心眼里感激他，"刘向庄自然村村民官占武激动地说出了自己的感受。

2017 年，在盐池县委常委、常务副县长吴科的奔走协调下，刘向庄标准化养殖场贷款 210 万元，新上加工机械 6 台（套），维修管理房及消毒房 3 间，新建饲草大棚6座、草料房6间，硬化了养殖场和园区道路。说起现在养殖场的变化，官占武开心地说："多亏了吴副县长。在他的帮助下，养殖场今年存栏羊只达到2300只，光我家就养了400多只滩羊，每只羊纯收入差不多150元钱呢。"

牛记圈村驻村第一书记马学海说："如今，滩羊产业真正成为我们村脱贫增收的主要产业，刘向庄自然村已成为远近闻名的滩羊养殖示范村。"

时间上溯到2014年，距县城较远，山大沟深、基础设施落后的麻黄山乡，人畜饮水还无法得到保障。吴科带领相关人员翻山越岭，踏遍沟壑，多次对当地人畜饮水问题进行实地调研。针对技术要求高、施工难度大、运行管理成本较高等诸多难题，吴科多次邀请区、市专家进行论证，数次召集县、乡、村三级干部研究讨论制订方案，多方征求群众意见优化完善方案，并协调争取各类资金5000余万元，实施了南部山区人饮安全供水工程。从那以后，麻黄山乡老百姓家家户户喝上了自来水。盐池县自来水入户率达99.7%，彻底解决了老百姓饮水难的问题，为山区群众脱贫奔小康奠定了坚实基础。

谈起初心，吴科平静地说："只要是惠民利民的事，认准就干，干就一定要干出实效，让老百姓有获得感。"

2. 做经得起群众检验的好干部

2018 年 11 月 12 日上午，盐池县惠安堡镇党委书记陈有强参加完盐池县脱贫攻坚推进会之后，立即驱车到大坝村和狼布掌村，查看两个村的秸秆禁烧和农田水利建设情况。

2016 年，在推进黄花产业种植过程中，大坝村刘石嘴组和大坝一组的群众内心抵触。陈有强利用周末、晚上的时间，深入农户家里做思想工作，许多群众逐渐认可，开始尝试种植黄花。这两年，大坝一组和刘石嘴组共种植黄花 1900 亩，2018 年亩均纯收入达到 3500 元，群众高兴地说："黄花价格好，比种玉米强多了。"

过去，节水灌溉项目也不受当地群众欢迎，陈有强将镇村干部分成若干小组，挨家挨户做群众的思想工作，讲政策，讲形势，算效益。两年来，惠安堡镇节水灌溉项目在各村全面推开。2018 年，惠安堡镇节水灌溉面积达 3 万多亩。

萌城村新建队农民赵生龙年近 60 岁，没有搬迁以前居住在一孔破旧的窑洞内。陈有强知道情况后，到赵生龙家中做思想工作，跑了不下 10 趟，最终感动了赵生龙，同意搬迁到移民区，居住条件得到极大改善。

为了有效增加移民群众收入，陈有强积极争取庭院经济项目，为搬迁农户户均建设大棚 120 平方米、集雨场 100 平方米和集水窖一眼。2018 年，赵生龙计划在大棚内种植芦笋，预计来年一座大棚收入可达 3000 元。赵生龙虽然不识字，但他在建档立卡帮扶手册里画上党徽，他逢人便说："陈有强是咱惠安堡镇的好书记。"

"脱贫是底线，富民是关键，敢于攻坚克难，勇于担当负责，才能做一名经得起群众检验的好干部，"陈有强说。

雄关漫道真如铁，而今迈步从头越。面对薄弱的基础条件和祖祖辈辈挥之不去的贫困，盐池各级领导干部奋发图强，决意扭转命运，以义不容辞的责任、带民致富的决心、决战决胜的姿态，深入实施扶贫攻坚战略，硬生生拓出一条条符合自身实际的脱贫富民新路。可以说，正是有了心往一处想、劲往一处使的各级领导班子，正是有了一级抓一级、层层抓落实的脱贫攻坚工作格局，正是继承了老区的革命精神，才保证了盐池县高质量地脱贫摘帽。

打赢脱贫攻坚战，关键是要发挥好基层干部的作用，要让干部人人身上有责任、个个肩上有担子，形成人人重视扶贫、人人关心扶贫的工作氛围。盐池县坚持人员不撤、包抓不变，31 名县领导以上率下，每月至少 2 次深入乡村一线，督促指导脱贫富民工作；3100 名干部每月至少 2 个工作日深入帮扶户，共商富民计划、落实富民政策、解决实际困难。盐池县坚持帮扶工作考核与干部绩效考核相结合，出台了《盐池县脱贫富民领导（干部）工作职责》《盐池县脱贫富民督查工作办法》，逐步完善了脱贫富民逐级监督检查机制，采取定期或不定期督查暗访抽查等方式，开展多轮专项巡回督查，以严格督查倒逼责任落实。

（二）捧着一颗心来，不衔半根草去

有这样一群人，他们来自机关部门，却只身回到农村。他们，被农民兄弟亲切地称为"村里的带头人""致富的领路人""群众的贴心人"。他们，共有一份责任担当——到农村去，用热血和智慧躬身耕耘在希望的田野上。他们，共有一个充满时代感、饱含正能量的响亮称谓——第一书记。

1. 脚板沾满泥土的第一书记

2017 年 12 月 11 日傍晚，夕阳的余晖引来了沉沉的暮霭，自治区政府办公厅（信访局）派驻盐池县曾记畔村第一书记禹洪亮来到小阳沟自然村村民李全家。从 2017 年 1 月驻村开展工作以来，禹洪亮来过李全家十多趟，但开车来还是第一次。

"老李，老李，老李可能喂羊去了，我们到羊圈看看。"车停稳后，禹洪亮喊了两嗓子，不见老李的面。他绕过老李的新房来到了羊圈，果然老李端着簸箕正在给羊添料。

"老禹来啦！走，走，走，咱屋里说，"李全热情地招呼，仿佛见到了亲戚似的。

一个星期前，李全搬到了新房，崭新的铝合金门窗、光洁如镜的地砖，客厅、厨房、卫生间一应俱全，和楼房的结构布局一样。

"晌午的时候，坐到炕上头还冒汗呢。"子女不在身边，老李和老伴住在这间卧室，一个小炕，朝阳面的窗户采光好，此刻虽然没有阳光照射，但是从老李的话语间感受到了冬日暖阳照在炕头的温暖。

新房西侧是一排面朝东的土坯房，木门已经腐朽，墙面泥坯也已掉落，仿佛一位历经沧桑的老人。

"这房子有37年了，也还能住。如果不是禹书记今年三番五次地上门给我做工作，说实话，我还不想盖新房子呢。"老李说的是实话，在农村突然要让谁家拿出一两万块钱，真是难！

作为驻村第一书记，禹洪亮认真分析了曾记畔村的实际：曾记畔村按现有标准衡量，存在不安全住房约150套，经驻村工作队逐户走访，有危房改造意愿的群众约100户。王乐井乡政府统筹考虑，下达给曾记畔村危房改造任务116户。但到2017年6月底，实施危房改造的群众仅有 78 户，佟记山、小阳沟两个自然村无一户群众参与危房改造。

"啃骨头"要挑最硬的。危房改造是一项惠民工程，为什么村民没有积极性呢？

禹洪亮先找出问题的症结：村里常住户以老年人居多，经济条件有限，没钱盖房是个客观情况，那么主观上有没有原因呢？突破口在哪里？

经过了解，禹洪亮发现李全虽然年岁大，但是老李家风好，尤其重视子女教育，他的孙子在华东理工大学上学。于是他把李全作为工作重点。

精诚所至，金石为开。七趟跑下来，李全终于被禹洪亮的热情和诚意打动，用李全的话说就是："再不实施危房改造，既拖了全村的脱贫验收，也辜负了禹书记的一片苦心。"

"不知不觉中，曾记畔的沟沟岔岔和乡间小道上都留下我的脚印。村道建设的工地、群众危房改建的现场……忙忙碌碌中，这一年即将过去。春去冬来，走在新修的村级柏油路上，看着伴随星星点亮的路灯，暮色中群众所建新房中透出来的灯光和笑声，我和一起并肩奋战的小伙伴们忽然有点小小的兴奋。未来任重道远，脱贫攻坚我们在路上！"

2. "小书记"的扶贫"心路"

2019 年 1 月末，在"鸡鸣三省"的麻黄山乡，已经有了浓浓的年味。冬日的天黑得早，当村民把炕桌摆上暖炕，小路却婉言谢绝了留下吃晚饭的好意，骑着摩托车赶向下一户，他想多跑几户人家，动员他们开春多养一些滩羊。

小路叫路修堂，是自治区住建厅城市管理综合执法监督局政策法规科科长，2017年1月起担任盐池县麻黄山乡麻黄山村第一书记。小路已经四十多岁，已经不能算小了，但村里有不少留守老人，仍然亲切地喊他小路。

早在十几年前，宁夏固原市原州区寨科乡新淌村一户村民居住的窑洞于凌晨突然坍塌，一家五口在熟睡中遇难。"必须首先得确保住房安全！"路修堂说。沟壑纵横的麻黄山村居民非常分散，往往一个山头只住着几户人。为方便入户，路修堂和扶贫工作队员李学峰一起凑了1000元买了一辆二手摩托车。

路修堂骑着这辆摩托车奔行于山间小路，挨家挨户讲补助政策，动员村民建新房或加固窑洞。山路难行，有次摔倒，小路把摩托车的大灯都摔坏了。但比山路还难走的是"心路"。村民惠兴虎前些年因遭逢变故，和父母都住在危窑里，路修堂骑着摩托车先后60多次到他家里做思想工作，惠兴虎和其父母两家都不为所动。

不少人都劝路修堂放弃，他却说："只要我们村有一户群众没有住上安全房，就是我们的失职。"他了解到惠兴虎有一个哥哥在甘肃庆阳工作，就把惠兴虎的哥哥请回来一起做思想工作，还主动联系技术好、费用最低的工程队，终于打动了惠兴虎。2017年，惠兴虎和父母分别建起了新房、箍起了新窑。这两年，麻黄山村危窑加固改造56户137孔，自建房屋20户，为兜底户建房4户，21户纳入小城镇规划建设。

每天骑着摩托车东奔西走的小路被村民称为"摩托书记"。他说："这辆摩托车缩短了我和村里人的心理距离。"2017年冬天，路修堂看到身患腿疾多年的张凤华老人蹒跚七千多米山路来赶集，就主动提出下午骑摩托车送老人回家。小路在村部开完会已是下午四点钟，心里惦记着老人还在街上，没穿大衣就迎着寒风将张凤华送回家。回到村部时，他的手脚已冻得没了知觉。

山路越长，"心路"就越短。三千千米、五千千米、一万千米……至今，小路骑着二手摩托车，在这个小山村已跑了近两万千米，相当于在北京和银川之间往返六七趟。

和禹洪亮、路修堂一样，在广袤的盐池大地上，活跃着很多第一书记，他们真住、真心、真帮，给帮扶贫困村带来了崭新气象和勃勃生机。

盐池县共有驻村干部153人，其中第一书记74

人，实现了贫困村驻村工作队和第一书记全覆盖。驻村干部已成为精准脱贫不可或缺的中坚力量，在推动农村脱贫富民中发挥着主导作用，是打赢脱贫攻坚战的生力军，更是贫困群众脱贫的催化剂和助推器。盐池县持续加强驻村第一书记和工作队员管理服务工作，严格落实驻村工作队工作经费不少于 1 万元、保额不低于 30 万元的人身意外伤害保险、每人每天 100 元伙食补助及每人每月不超过 400 元往返交通补助的生活待遇保障和乡镇工作补贴，真正做到了组织上关心、生活上照顾。

（三） 汇聚脱贫富民强大合力

走进盐池县麻黄山乡何新庄村何家大院休闲驿站，15 口漂亮的窑洞一字排开，院内设有农具展示区、辘轳井、磨坊、菜园、文化长廊、电商体验区等，供游客观赏体验，不禁让人眼前一亮。

"何家大院建起来以后，带动周边农民发家致富。农民通过销售农产品得到了很多收益，像土鸡蛋、滩羊。尤其是夏天，我们这的接杏熟了以后，外地的游客被吸引过来，我们的农产品全都销售出去。农家乐也带动了好几家农户增收，特别是赵记湾农家乐建起来以后，好多的农民都在那打工，大大增加了他们的收入，"何新庄村村民何仲连说。

麻黄山乡地处陕甘宁三省（区）交界，利用地理优势、红色旅游、乡村旅游、生态旅游资源，集中力量打造乡村全域旅游产业。2017年，中国航空油料集团有限公司（以下简称"中航油"）投资120万元建设的何家大院休闲驿站，逐步成为乡村旅游的亮丽景点，日可接待游客300人次，极大地增加了村民的收入。

"从开始之初中航油对我们就特别支持，到目前为止，何家大院建成之后带动就业50人左右，通过特色旅游、销售农特产品，带动就业人口全年增收在15000元左右。中航油的帮扶，极大促进了麻黄山乡脱贫富民和乡村振兴，"该乡武装部部长屈昊说。

聚焦精准帮扶、助力通航发展、全力支持乡村基础设施改善、爱心助学……中航油因地制宜，倾心帮扶，有计划、多层次地深化精准扶贫工作。

在花马池镇惠泽村，村民李凤森指着南北长廊道路两侧8400平方米的硬化区域和村中心广场介绍说："这些都是2014年中航油修建的，还有这100盏路灯。过去，这里一下雨就是个泥滩，人、车都出不去，现在出门方便得很。我们都把这条巷道叫'航油幸福路'，以表达感激之情。"

在帮扶的5年间，中航油不仅改善了惠泽村村民的居住环境，修建、亮化道路，还投资 50 万元建起了养牛场。两年来卖出了 100 多头肉牛，利润达 30 万元，该利润的 30% 留用于村集体滚动发展资金，40%为股民分红，30% 用于建档立卡户、孤寡老人、大病疾病、困难学生救助等公益事业。

在花园社区，离"暖心老饭桌"开饭还有一段时间，几位老人就已经围坐在一个餐桌旁，有说有笑地唠着家常。"暖心老饭桌"有很多常客，78 岁的戴铎民就是其中一位。戴铎民说："从 2014 年就一直在'暖心老饭桌'解决一日两餐，一荤一素一汤，每天14 元钱。这里不定期会有荞面、饸饹面等特色饭菜，方便得很。"这里是由中航油投资 100 万元建成的"暖心老饭桌"。

盐池县扶贫办社会科李时新说："两年来，中航油扶贫的力度在不断加大。从 2013 年最初投入 500 万元着力于解决产业发展贷款难的问题，到购置飞驰在盐池街巷乡村的救护车；从对残障人士的救助帮扶，到接受资助的少年长成风华正茂的大学生，中航油在盐池的扶贫有力度、有温度，从点到面，纵深参与。"

2018 年 12 月，中国航空油料集团有限公司董事长、党委书记周强一行来到惠泽村，对中航油定点扶贫项目推进情况进行调研。周强表示，将积极引导协调更多大企业、更多项目资金帮助和支持盐池各项事业的发展，以更实的举措不折不扣落实好帮扶承诺，积极践行精准扶贫工作总要求，确保定点帮扶工作精准、高效运行。

点滴之水，可以汇成浩荡江海；闪闪星光，终将造就璀璨银河。

顺着平整宽阔的水泥路走进盐池县惠安堡镇大坝村，只见围墙粉刷一新，家家干干净净，村里看不到任何垃圾杂物，不少新装的太阳能设备格外引人注目。在文化广场上，各种健身器材一应俱全。

说到村里的变化，村民何江说："这都是福建省晋安区支持建设的，现在房子统一进行了粉刷，平坦的水泥路一直修到了家门口，有了文化广场，每天吃完饭，我准时来这儿遛弯、锻炼，心里可高兴了。"

大坝村的变化只是闽宁协作扶贫历史画卷上一个剪影。

盐池县深化闽宁协作帮扶，持续加强闽宁对口扶贫协作交流合作，与洛江区互访 8 批 51 人次，其中双方党政主要负责人互访 4 次。持续加大结对帮扶实效，落实帮扶资金 2855 万元，实施了闽宁示范村等项目 20 个，受益贫困群众达 4950 人次。同时，推进"百企帮百村"富民行动。

盐池县制定出台了《盐池县深入开展"百企帮百村"富民行动实施方案（2018—2020 年）》，通过结对签约、村企共建等形式，引导县内 78 家企业与全县 102 个行政村实现精准对接。截至 2018 年，中石油长庆油田第五采油厂等 30 家企业通过外包运输、土地租赁等形式，促进 30 个结对村累计增收 1582 万元。

（四）"金融活水"浸润脱贫富民路

细数盐池县脱贫路上的创新之举，"金融扶贫"一词被人们屡屡提起。盐池县干部群众"撸起袖子加油干"，创新创造出全国推广的金融扶贫"盐池模式"，受到国务院办公厅的督查表扬，全国金融扶贫培训班也连续两年在盐池召开。金融扶贫的"盐池模式"由此叫响全国。

花马池镇田记掌村六十几岁的村民赵红兵，2017 年他借助政府资金贷款 3 万元，养了 20 几只羊，羊越养越多，生活条件也越来越好。早在 2012 年，赵红兵的妻子陈秀珍被查出宫颈癌，一家人变卖家产四处举债就医。虽然病情好转，但高昂的医药费也让这个并不富裕的农村家庭陷入贫穷。

2017 年盐池县突破年龄限制，对 60—70 岁有发展能力的贫困户进行二次授信，3 万元免息贷款成了老赵发展滩羊养殖的本钱。如今，老赵的羊圈里已经有四五十只羊了，而针对建档立卡户的健康扶贫政策，也给赵家减轻了医疗负担,妻子陈秀珍的身体越发健朗,家里被她打理得井井有条。

家住盐池县青山乡古峰庄村的村民罗刚,在农行顺利办结了 30 万元的贷款手续。由于罗刚替自己的贷款联保户汪某偿还了 3 万元贷款,盐池农行感其诚信,将罗刚的贷款额度从 5 万元提高到 30 万元。2014 年,盐池县用于滩羊养殖的扶贫贷款 25.4 亿元,2.4 万农户还款无一人逾期违约。

"现在,盐池县哪个滩羊养殖户的信用不值几十万元?"罗刚以自己的故事佐证。2009 年以来,通过两轮三户联保,罗刚先后贷款 34 万元,圈里的滩羊从 200 多只扩大到 1200 只,6 年赚了几十万元。2014 年 11 月 24 日是罗刚等三户联保第二轮贷款还贷的最后期限,联保户汪某因家庭变故无力偿还 3 万元贷款,11 月 22 日,罗刚替汪某还了贷款,维护自己和汪某比金子还珍贵的诚信。"这样的客户,今后需要多少,咱们就放贷支持多少!"盐池农行决定给罗刚发放 30 万元贷款。"30 万元能买 400 只羊,一年出栏三茬,就能赚六七万元,比替人还的 3 万元贷款多,不吃亏。"憨厚的罗刚这样算账。

坚持把金融扶贫作为脱贫攻坚主要抓手,按照自治区《关于进一步加强银行业金融机构助推脱贫攻坚的实施意见》,盐池县出台了《盐池县金融扶贫实施方案》，采取诚信支撑、产融结合、风险防控、保险跟进、改革创新五大举措，破解了贫困户贷款难、贷款贵等难题，走出了一条"依托金融创新推动产业发展、依靠产业发展带动贫困群众增收"的富民之路。

"金融活水"润农户，扶贫拓开幸福路。盐池县用心血和汗水将"金融扶贫"这篇大文章做好做精，不仅为全县贫困群众送去了解一时之渴的"及时雨"，更为他们托起了脱贫致富奔小康的希望。

（五）"扶贫保"撑起脱贫金钟罩

"扶贫保"让众多建档立卡贫困户吃上了"定心丸"。

来到高沙窝乡二步坑村兴武营村（队），映入眼帘的是一排排整齐且各具复古特色的院落，院内青砖蓝瓦的房舍和盐池县独有的苍茫大地、万里碧空格外相称。走近一农户家，院落整齐干净，院墙不是众所周知的高墙深院，而是用咖色的木材砌成的栅栏，和紧连着的明长城浑然一体，靠边的一间房门上挂着"商店"字样的门头，这就是建档立卡贫困户霍礼军的家。

"这院子新房子是2012年盖的，因为我肢体二级残疾，我家是咱村的低保户，盖房子是政府鼓励，还补贴了15500元。这些年政府扶贫政策太好了，咱们

村又在明长城边上，为了响应县旅游局号召，2016 年
4 月院子周围开始建造古城影视城，开发旅游区。这
一片 14 户在家村民，8 户房子已根据政府提供的设计
图纸装修改造，家家户户各有千秋。开发农家乐产业，
每家根据养殖的家禽牲畜和种植的农作物不同，菜品
风格都有所不同。大家都盼着好好发展，多一条致富
的路子，"霍礼军说。

霍礼军 1996 年因患风湿性强制脊椎炎，股骨头两
边坏死，经过多次手术，生活渐渐能够自理，但却丧
失了劳动力。因为昂贵的医疗费用，让原本贫困的家
庭雪上加霜，一双未成年儿女的教育、年迈老母亲的
赡养、生活所有的重担都落在了妻子身上。他家从父
辈开始从事养殖产业，父亲去世后子承父业。自从霍
礼军生病后，妻子便担起了这份重任。通过日夜不息
的料理，家里的羊群不断扩大，儿女也渐渐长大。

2016 年，霍礼军在盐池人保财险公司投保羊只养
殖保险 20 只。2017 年 7 月 31 日，他家的羊只由于感
染了羊肠毒血症，20 只羊死亡，这几乎是他家的全部
家当。经人保财险公司勘查，18 只羊属于保险责任，
该公司仅用了 3 个工作日就完成了结案，将 9720 元赔
款汇入霍礼军的一卡通账户。

人保财险公司的工作人员说："我至今都无法忘记
霍礼军那绝望无助的眼神，那种天塌下来的神情。当

听到我们公司工作人员确定死亡羊只属于保险责任，可以理赔时，霍礼军眼睛瞬间亮了，眼泪一下子就涌了出来，他不停地说'这可是救命钱哪'！"霍礼军2017年投保羊只养殖保险30只，滩羊肉价格指数保险30只，截至2018年共得到保险赔款10980元。

冯记沟乡建档立卡贫困户杜强，饲养羊只70只，家庭收入主要以养羊为主。2016年在盐池人保财险公司投保羊只养殖保险20只，滩羊肉价格指数保险30只。"2016年6月9日，突如其来的暴雨致使我饲养的基础母羊直接死亡10只。案发后，我向盐池人保财险公司报案。经保险公司查勘，我家死亡的10只基础母羊属于保险责任。保险公司在第一时间将保险赔款5400元（540元/只）汇入我的一卡通账户，帮助我恢复了生产，"杜强说，"这份保险买到了贫困群众的心坎上。"

盐池县按照"保本、微利"原则，采取"政府＋商业保险"方式，建立了"2＋X"菜单式扶贫保模式，实行低保费、高保额的特惠政策，解决了贫困群众的后顾之忧。设立1000万元"扶贫保"风险补偿金，建立盈亏互补机制，为群众发展产业保驾护航。截至2018年，已赔付各类保险4008万元。

（六）屋顶上的"金太阳"

干旱少雨、风大沙多、多为"空壳村"的盐池县因为找对了脱贫致富路径，正焕发出勃勃生机。盐池县的光伏扶贫正在从初级阶段向纵深发展，从救济式扶贫转变为开发式扶贫，从悲情式扶贫转变为尊严式扶贫，从单一的产业扶贫到全产业链扶贫，这种全新的扶贫模式具有一定的探索意义，值得关注和总结。

在盐池县高沙窝镇中民投光伏新能源示范区基地，依地势起伏而联结成片的电池板，在阳光的映照下，发出柔美的蓝色光芒，宛如一片"陆地海洋"。这个占地 6.9 万亩的光伏产业基地，当地村民叫它"铁杆庄稼"。

而在高沙窝镇长流墩村，占地 150 亩的全县首个光伏扶贫村级电站也已具雏形。"村级电站建成后，村里每年都能有 20 万元扶贫电费收入，连续享有 20 年使用权，这就解决了'空壳村'的问题。"长流墩村党支部书记赵红林在施工现场说，"村电站和旁边的基地，能把村上的劳动力都吸纳进去。今后，村民可以去做刷板、维护、种草，不愁没有稳定的收入"。

"因为生病，耽误了孩子上学。"在长流墩村贫困户李寿海家，他的妻子一提起自己患了 10 年的肝病，就抹眼泪。可 46 岁的李寿海却没有悲观，妻子的病已经纳入了大病医保，靠"圆梦行动"就读职业技术学院的儿子明年就能毕业，今年上高三的女儿以后上学还有政府的教育扶贫措施。"这些解决了家里的大负担，以后在'光伏'那里打份工，家里养十多只羊，两头不误。"李寿海对那片"铁杆庄稼"充满了期待。

长流墩村是盐池县 2018 年销号的 30 个贫困村之一。全村有 50 户建档立卡贫困户，共 122 人，其中有 22 户 40 人为政策兜底户。

六十几岁的村民张文兰在一场意外后身体不好，"20 亩旱地基本种不成，现在想养百十只羊。别看人老了，还想往前奔""想法对，可是家里只有老两口，羊一下养太多，劳力跟不上，草料供不上。别急，慢慢来。"赵红林和村上包扶干部同张文兰认真分析了一下。眼下，通过县农牧局的项目对接，村上正给老两口争取二三十只基础母羊。"有了光伏电站，村上集体经济壮大了，也能更好地照顾这些贫困户。"赵红林说。

"今年销号不是啥问题，我们想在全县率先步入小康呢。"赵红林对全村今年"摘帽"非常有信心。有了光伏扶贫，长流墩村今年的目标是人均收入超过 8000 元。

同样信心十足的，还有高沙窝镇镇长李玉龙，他说："全镇还有 3 个贫困村，目标是 2017 年实现'摘帽'，我们力争今年就全部销号，在全县率先脱贫、率先步入小康。"

中民投光伏产业基地涉及全镇 8 个自然村，通过草原租用，被占地村民可以一次性获得数额不菲的流转费。待日后以生态建设、务工等方式发展第三产业——"光伏＋旅游"，更可谓活水长流，让群众在家门口就能打工致富。此外，依托光伏产业，高沙窝镇投资 5000 万元建设黄记台、施记圈、兴武营等 5 个美丽村庄。因地制宜，采取一个庄点一种风格，力求美丽村庄建设走在全县前列。

盐池县通过采取集中扶持、合作经营等方式，大力发展"光伏＋"扶贫模式。2018 年，已完成 74 个贫困村村级光伏电站建设，每年可为村集体增收 22 万元，连续 20 年。2554 户完成分布式光伏安装，为符合条件的 794 户建档立卡兜底户安装屋顶光伏，每年每户收益 3000 元以上。

（七）"百姓缺啥咱弄啥"

2017 年 11 月 3 日上午，在盐池县王乐井乡政府会议室，党的十九大代表、宁夏盐池县王乐井乡曾记畔村党支部书记朱玉国正在为乡村干部宣讲党的十九大精神。朱玉国向大家宣讲党的十九大精神，不是对着报告"念本本"，而是将报告内容同自己的亲身经历和切身体会结合起来，有的放矢，通俗易懂，十分耐听。

"朱支书讲得很实在，我是一百个赞成！"从 20 公里外赶来听宣讲的双疙瘩村村主任宁金成听完宣讲后感慨地说。现在农村在婚丧嫁娶方面确实存在着高额彩礼和铺张浪费的现象，按照当地习俗，嫁女儿要向男方收彩礼，至少 8 万元，这对于普通农民家庭来说确实是不小的经济负担。有的家庭为了娶媳妇欠了一屁股债，三五年都还不上，有的因此致贫。朱玉国说："提倡移风易俗，不仅可以卸掉村民的经济负担，也减轻了精神压力，深得民心。"从文书到团支书，从宣传干事到支书……22 年来，朱玉国几乎干遍了村委会的每份工作。

曾记畔村是一个偏远山村，没有一寸水浇地，祖祖辈辈靠天吃饭。曾经，在这个只有 2000 多人的村子里，大部分村民穷得叮当响，贫困就像大石，压得村民喘不过气来。不少村民面对"一方水土养活不了一方人"的现状，背井离乡，异地谋生。

但作为村支书，朱玉国却守在村里，立志改变贫困面貌。2006 年 10 月，曾记畔村被国务院确定为全国首批村级互助资金试点村。"这是一次重要机遇，"朱玉国说，"在曾记畔村，不少村民的祖上曾经做过生意，很多人骨子里仍保留着勤劳致富的传统。"

国家拨付给曾记畔村 20 万元扶贫互助启动资金，朱玉国多次召集村委会听取各方意见，商量如何用好互助资金。此前，扶贫资金的使用基本以"输血"为主。习惯了"白给"的村民听说用这个钱还要还，一时无法接受。他们说："过去给了就不往回要了，这个不仅要还，还要入股、收利息。"

扶贫先扶志。朱玉国意识到，脱贫首先要解决的是动力问题，要从根子里，让贫困群众的观念从以前"站墙根、晒太阳，等救济睡着吃"变为"靠双手干着吃"。朱玉国大胆尝试，在村里掀起"头脑风暴"，大力倡导勤劳致富，不断健全村里的各项规章制度，调动老党员、村干部、大学生村官的工作激情，发挥他们的带头作用。

经过多轮商议，村委会和全体村民定下规矩：从互助基金贷款，要入股互助社，按 4∶6 的比例发放贷款。贷款实行五户联保，党员和贫困户"一帮一"。

金融是血液，产业是躯体。已有数百年养殖历史、因肉质鲜美名扬天下的盐池滩羊开始在杠杆的撬动下，从小农经济发展为曾记畔村的支柱产业。一些村民依靠一两千元的互助资金借款起步，滚动发展，通过养殖、种植，有了人生"第一桶金"。

村民王昶、鲁永胜家里太穷，没有人愿意联保。朱玉国就带着他们到信用社担保贷款，帮助他们制订脱贫计划。"信用社主任都替我担心，说风险太大，"朱玉国说，"不怕没钱使，单怕没信用。"当年年底，他们均按约定时间还清了贷款。第二年，信用社又给贷上了款。

"信用可以当钱使。"在朱玉国的带动下，村民们都把信用当命根子，不少以前的贫困户，现在也给别人提供信用担保贷款。10 年多来，全村人的贷款总额已从每年的 400 多万元上升到 5300 多万元，农户都能把所借款用于发展项目上，至今没有一人违约。

朱玉国利用扶贫小额信贷政策，将互助资金和"千村信贷"捆绑，把"双到资金"注入互助社，撬动了数倍的发展资金，并采取支部＋产融保＋党员"一帮一"的模式，扩大贷款额度。有了更加充足的资金，村民们增收致富的积极性空前高涨。曾记畔村的互助资金发展到 800 万元，朱玉国也通过互助资金实现了向全村村民描绘的教育、医疗、养老"三个梦想"。

2016 年，曾记畔村党支部荣获"全国先进基层党组织"，村支书朱玉国也摘得了"全国脱贫攻坚奋进奖"。2017 年，朱玉国当选为党的十九大代表。参加党的十九大回来之后，朱玉国陆陆续续宣讲党的十九大精神 60 多场次。他从没忘记自己作为山村"当家人"的本分，始终想着如何防止返贫、提高脱贫质量。

工作时的朱玉国，像台停不下来的机器，似乎不知疲倦。家里的事几乎全落在妻儿身上。"自家的地种得少了，羊也养得少了，家里的农活顾不上干，连播种机也停了，你还算不算咱家人？"爱人又气又无奈。"谁让我是支部书记！"朱玉国笑道。

五 撕掉"三区"组合的
贫困标签

  过去很长时间里，盐池习惯于这样的自我介绍：革命老区、边远山区、贫困地区，"三区"的组合似乎是一张撕不掉的贫困标签。这样的介绍将永远成为过去，对于世世代代同贫困"鏖战"的西海固人民来说，向贫困"道别"，既饱含着无限的付出和汗水，也蕴藏着无限的豪情与甘美。

  "再见贫困，你好小康。"简单的一句话，是盐池与贫穷困苦最郑重的道别。"穷不会生根，富不是天生"，经过整个社会的不懈努力，盐池县终于在宁夏9个贫困县区中率先实现脱贫。脱贫摘帽的消息一传来，这个革命老区的山乡四野就沸腾了。

  "全面小康，一个也不能少。"面对党中央如山如海的庄严承诺，盐池县把脱贫攻坚作为最大的政治任务和第一民生工程来抓，怀着对美好生活的无限向往和憧憬，下足"绣花"功夫，攻克贫困堡垒，朝着决战脱贫攻坚、决胜全面小康的目标砥砺奋进。

（一）"再见贫困，你好小康"

"再见贫困，你好小康。"简简单单的一句话，是盐池人与贫穷困苦最正式的道别，也是"苦甲天下"的西海固人民对全面小康最炽热的期盼。

王乐井乡曾记畔村党支部书记朱玉国在笔记本上郑重写下了八个字："再见贫困，你好小康。"

对于世世代代同贫困"鏖战"的西海固人民来说，这一句道别，既饱含着无限的付出和汗水，也蕴藏着无限的豪情与甘美。

"种地没亩数、走路没里数、吃饭没顿数。"这句当地流传甚广的民谣，曾经是盐池"地广人稀、广种薄收、吃了上顿没下顿"的贫穷写照。21世纪已经过去了十几年，盐池县102个村贫困面高达七成以上，全县贫困人口超过3万人，贫困发生率23%。

自治区党委书记、人大常委会主任石泰峰，自治区党委副书记、自治区主席咸辉等，多次深入盐池县访贫问苦、问需于民，提出"坚持脱贫富民一起抓，在精准务实上下功夫，在产业扶贫上下功夫"，要求盐池县"脱贫退出成果得到群众认可、经得起历史检验"。

贫有千种、困有百样。针对各家各户的需求，盐池县坚持精准识别、精准施策、精准帮扶，扭住到村到户这个精准扶贫的核心，根据贫困村、贫困户的需求清单，不断探索完善精准脱贫路径，让更多"扶贫活水"瞄准穷根精准"滴灌"。

3100 多名干部撒网式入户，敲开千家万户的门。麻黄山的穷乡僻壤、冯记沟的村舍院落、大水坑的养殖基地……都留下了深深的足迹。从基层一步一步"跑"出来的真实情况与宝贵经验，为脱贫攻坚工作扎实推进提供了重要依据。

产业如何帮扶，危房改造如何推进，医疗救助如何实施……一项项加强版、创新版、升级版的脱贫方案不断推出，让很多"老大难"问题有了针对性解决方案，一条条脱贫致富的新路不断在脚下伸向远方。

征尘未洗，捷报频传。盐池以高标准通过国务院扶贫开发领导小组委托第三方评估机构的严苛考核，全县 74 个贫困村全部出列，减贫户 10792 户 32078 人，贫困发生率降至 0.66%，农民人均可支配收入 9548 元，贫困群众实现了"不愁吃、不愁穿，义务教育、基本医疗、住房安全均有保障"。

产业扶持、住房保障、教育扶贫、社保医保兜底……一系列精准到户的政策，让住房、上学、就医、贷款都从过去的"难"变成了"不难"。

华灯初上，橘红色的滩羊造型路灯点亮了盐池县城的夜空。点点灯光，散落在城市的大街小巷，为无数渴望脱贫的贫困户燃起产业增收的希望。

滩羊是盐池脱贫当之无愧的"功臣"之一。这只"领头羊"贡献了一半以上的农民收入，全县80%的贫困群众都在从事与滩羊相关的产业。

贫困户增收的希望在一个个产业上。依托"中国滩羊之乡""中国甘草之乡""中国荞麦之乡"名片，盐池县把发展壮大滩羊、甘草、小杂粮、黄花菜、中草药等特色优势产业作为贫困群众脱贫致富的主导产业，为每一种产业量身定制一个发展规划，形成了多点发力、多业增收的产业扶贫格局，不断拓宽群众增收渠道。

过去30年，自行车还是村里的稀罕物，孩子们上学十几里的山路全靠两条腿。20多年前，王乐井乡王吾岔村的高文秀嫁到了5公里外的官滩村，因为没有路，一年到头跟父母见不上几面，"现在路修到了家门前，家里买了汽车，一脚油门就到了娘家"。

昔日一条条"瓶颈路""难行路"脱胎换骨变通途，铺就了群众增收致富的"小康路"。在盐池县交通局工作了20年的高文伟说："现在村村通油路，乡村建设了配送站，网上下单购物，几天就能送到村里。"

缺资金、贷款难，是阻碍贫困户脱贫致富的"拦路虎"。12 年前，盐池县选择曾记畔村在内的 3 个村作为互助资金试点，每个村支持 20 万元，鼓励群众发展产业。朱玉国说："挨家挨户做工作、讲政策，到最后还是有很多资金趴在账上，贷不出去。老百姓穷惯了、穷怕了，一想到借钱第一是没地方花，第二怕还不上。"十几年过去，盐池县扶贫小额贷款余额超过 35 亿元，贫困户户均贷款 8.9 万元，每年的贷款基数都不够用。

从过去的 20 万元没人借到 35 亿元不够用，金融数据的直线飙升从侧面映射出群众的脱贫热望。

找准脱贫路径，实现了家家有产业；改造危窑危房，实现了户户有其屋；社保医保兜底，实现了人人有保障；完善公共服务设施，实现了村村有变化。

水的变化、路的变化、房屋的变化、生活方式的变化、精神面貌的变化……一切变化都在无声诉说着脱贫致富、改天换地的喜悦。

秋天的盐池，山乡四野，色彩斑斓。

2015 年深秋，27 岁的潘琦印到王乐井乡刘四渠村担任驻村第一书记。看着比自己儿子还小两岁的驻村第一书记，村主任温杰雄一脸的怀疑。乡上领导问他和新来的书记处得咋样，温杰雄说："派了个娃娃过来，没办法沟通。"

　　潘琦印一家一户走访村民，问需求、讲政策，把村路巷道、乡野四邻绘制成一张地图。结合村庄特色，潘琦印争取项目资金改造拱棚，带领村民发展西甜瓜产业。两年挂职期满，潘琦印又主动申请延长驻村周期。

　　从最初摸不着门到现在闭着眼睛都知道谁家在哪儿，潘琦印手绘的村居地图被翻得卷起了边儿，村民们的态度也从怀疑到认可，对他的称呼从"那个娃娃"变成了"小潘书记"，村里的贫困户从 120 户减少至 5 户。

　　夏日的黄昏，站在盈德村口放眼望去，漫山的黄花盛开，像一片灿烂的云彩。

　　花马池镇盈德村是盐池县唯一一个从西海固搬迁的吊庄移民村，人均耕地不足 2.5 亩。有限的土地怎么才能让老百姓富起来？自治区环保厅驻村干部任建东和村两委班子共同努力，找准突破口，拔穷根摘穷帽。探索在盈德村发展黄花菜产业，引导群众摆脱贫困，持续增收。如今，这个黄花盛开的村庄，村民收入"长高了一大截"，从 2013 年的 2300 元增加到 2017 年的 9300 元。

　　每个贫困村都有一支驻村工作队，每个贫困户都有"一对一"的帮扶干部。2014 年以来，盐池县先后组织 3100 多名干部与贫困群众结对帮扶，选派 37 名优秀年轻干部到乡镇挂职，抽调 222 名区市县优秀干部驻村帮扶，闽宁协作、央企选派 5 批 12 名干部到盐池县挂职工作。

千年脱贫梦，今朝终得圆。几代人薪火相传的是一份事业，更是一种精神。

得知盐池脱贫摘帽的消息，"90 后"潘琦印说："所有付出都是值得的。""60 后"任建东用了两个词：很平静、很自豪。

"因为信心十足所以很平静，因为参与其中所以很自豪，"任建东说，"我们有幸赶上了这个时代、这个节点，盐池的脱贫成果是实打实干出来的，是一代又一代人的接续努力和不懈奋斗共同成就的结果。"

这几天，盐池县扶贫办副主任周桂琳正忙着"备课"，准备给固原市前来观摩学习的乡镇干部分享一些做法。"大家都问，你们盐池脱贫到底有啥妙招？"周桂琳笑着说，"我们没有妙招，把工作做实做细就是最大的妙招。"

"妙招"在于苦干加实干，在于盐池干部群众上下一心，拧成一股绳，构建一个脱贫共同体，互融互促、同频共振，以愚公移山的精神攻城拔寨，众志成城撼动贫困大山。

人民是最伟大的书写者。在这片激荡着奋进旋律的红色土地上，从贫困到脱贫，"时光之笔"写下了什么？

　　曾经以为穷苦无边无际，日子苦得望不到头。"终于能和穷日子说再见了，"花马池镇田记掌村六十几岁的村民袁凤花感慨地说，"苦日子是水，甜日子是蜜。"

　　1991 年，儿子因车祸左腿断成了三截。"每天流着泪四处磕头借钱，家里能卖的都卖了。"袁凤花带着拄双拐的儿子在工地上开搅拌机，工地闲下来就做家政擦玻璃，"一年三百六十天，天天不能闲"。

　　2016 年，袁凤花被查出患有宫颈癌，前后花费了 30 万元，国家政策报销后，自己花了 8 万多元。债务还清了，袁凤花重新盖房养羊，"热气腾腾"过日子。"不是这个病，也不会落到人后头。大家伙儿都往前冲，我们也不能落后。现在政策这么好，只要精神不倒，挣钱的门路多着呢。"

　　秋阳下室内盛放的吊兰，院落里压弯枝头的红枣，恬淡安逸的几十只滩羊，农家殷实的小日子沉淀在每一个日升月落里。

　　2018 年春节，袁凤花一家人团聚在一起过新年。上三年级的孙子赵思涵用稚嫩的书法给奶奶写了一副春联，上联：新年新景新气象，下联：经济腾飞起宏图。

　　说起过去的苦日子，很多盐池老人都会提起"黄米干饭"。那碗曾经噎住几代人记忆的干饭，停驻在父辈们未消化的岁月里，隔着几十年的光阴，如今再说起来远得像天边的彩霞一样。

麻黄山乡松记水村年逾七旬的李靖说："过去天天都是黄米干饭，就过年三十这一天，能好好吃一顿肉。现在老百姓的日子，天天都是过年。"

从"一年过一天"到"天天都过年"，个体的命运改变，折射出时代的巨大变迁。

几千年来，广袤的农村大地以小农经济为支撑，各家过各家的日子，过好了是勤劳、是本分、是俭省。一旦逢灾年收成不好，或者家里有娃娃上学、老人看病的事，日子落到别人后面只能认命。

"小康不小康、关键看老乡，总书记这句话说到我们心坎里了，"李靖说，"几千年来，只有中国共产党把一家一户的穷日子当成头等大事，什么都替老百姓想到了、安排好了，我们没有理由不往前奔。"

"穷不会生根，富不是天生"。扶贫，扶智是前提。

2006年以前，王乐井乡曾记畔村村民牛生虎一直住在低矮破败的窑洞里，连儿女上学的学费都掏不起。看到左邻右舍都脱了贫，他主动申请贷款搞滩羊养殖，通过多年奋斗，如今年收入6万多元。

2019年春节后，牛生虎作为村里的脱贫典型，首次站在讲台上，在全县农村巡回讲述自己的脱贫故事。

对比过去的贫苦，今天的富裕是精神和物质的双重富足，内在和外在的彻底改变，洋溢在脸上，沉浸在心田。

笔墨只能记录时代的剪影，恢宏的画卷由历史和人民绘就。盐池人民旷日持久的贫困鏖战、波澜壮阔的奋斗图景，在革命老区、边远山区、贫困地区树立起一座丰碑，翻开了宁夏脱贫攻坚战役的崭新一页。

（二）"我们脱贫了"

2019年年关将至，年味渐浓。

尽管天气十分寒冷，但仍挡不住盐池群众赶集的热情。在麻黄山乡集市上，吃的、穿的、用的、玩的，琳琅满目，货源充足。

村民们脸上洋溢着笑容，有的骑着自行车、摩托车，有的开着小轿车，也有三五成群结伴步行的村民朝着集市而来。

当天一大早，麻黄山村营盘山自然村村民范玉文就和妻子到集市上买年货。他们两口子提着包，挤在人群中。"以前家里困难，羡慕别人家过年大包小包置办年货，今年我们也要好好置办些年货，"范玉文说。

范玉文是麻黄山村的建档立卡户，前几年因为两个孩子上学，父母年迈，只种着几亩薄地，日子过得紧巴巴的。"感谢扶贫好政策，在各级政府的帮助和支持下，我和妻子通过养羊和种植小杂粮，走上了致富路。大儿子考上了公务员，小儿子也考上了大学。现在，家里的日子过得有滋味了，"范玉文说。

走进范玉文家，只见新箍的窑洞窗明几净，两口子正在贴窗花，过年的花馍已做好，新收的荞麦堆满了粮仓，圈里的羊膘肥体壮。范玉文脸上的笑容和这冬日的阳光一样灿烂。就要过年了，范玉文两口子早早把家里打扫得干干净净，准备迎新年。

谈到自己这几年的生活，范玉文感慨万千。"2017年的时候，我家这三个窑洞是危房危窑，县政府给我们每个窑补助一万块钱重建住房。再加上自治区住建厅第一书记帮扶我养羊，终于摘掉了建档立卡户的帽子。这么多年来，今年这个年可能是我过得最舒心的年，"范玉文说。脱贫之后过新年，就是不一样，他觉得很踏实、很快乐。

贫困户王飞初六"送穷"。2017年大年初六，讲究扔垃圾送穷。一大早，花马池镇佟记圈村建档立卡户王飞就将不少"垃圾"拎出家门。

"有些石头、金属制品等小玩意，是以前穷的时候捡来消磨时间的。"扔掉的"垃圾"里，一部分曾经是自己的宝贝，现在扔掉，稍有不舍。

一旁来拜年的村支书王向东笑着调侃："现在你忙

着挣钱致富，也没时间'消磨'了吧？"王飞现在确实忙，说着说着便在大铁盆中拌起羊饲料来。后院两座养殖棚里养着130只羊，现在正值生长关键期，营养得跟上。

可去年此时，王飞却是令村干部头疼的"消磨户"，家里虽有30只羊，18亩地，但日子过得懒乏、清贫，拖了佟记圈村这个全国文明村脱贫致富奔小康的后腿。

"我们这有句土话叫'穷懒乏不吃'，意思是人穷惯了就没有盼头干劲，生活得过且过、顺其自然。"王向东直言，农村脱贫致富的关键就是王飞这类"消磨派"能否转变"有吃即安"的思想。为了让王飞转变思想，佟记圈村采取了村党支部加合作社加贫困户的定点帮扶举措。然而，王飞面对接连上门的干部说："我日子现在又不是过不下去。"就在村干部为如何扭转王飞思想头疼时，一个好消息从天而降：王飞的大女儿在2016年考上了宁夏师范学院，成了村里屈指可数的大学生。机不可失，村干部开始借着这个由头轮番往王飞家跑。"你家女子考上了大学，学费生活费你得挣吧！""你小儿子聪明，更要抓紧好好念书"……句句苦口婆心，终于让王飞有些心动："现在干啥都要钱，我没钱，能干啥？"

"只要你有想法，我们就有办法，"王向东给他打气，"你会养羊，只要扩大养殖规模肯定挣钱，再加上打工收入和政府补贴，年底收入绝对翻番。"

"我们村里有产业，全国文明村的名声就能贷下款，互助社再帮衬点，你致富的启动资金没啥问题！"王向东颇为自豪地说。互助社贷了3万、农行贷了5万、信用社贷了5万，有了这13万元，王飞将滩羊养殖从35只扩大到了130只，并在村干部的建议下将家里18亩地全部用来种植饲料。羊养多了，人的时间就紧了。王飞说，自打那时起，他就很少有机会外出乱转了。"人一动起来，精气神就不一样了，"他说。

一年的辛勤劳作换来了5万元的年收入。王飞说："初六送穷，对我说就是送掉过去的穷懒思想。小康路上没闲人，撸起袖子加油干。"

盐池县百姓们对未来的美好生活充满了更多期待，奔小康的脚步更加稳健。

（三）"党的好政策，百姓今天的好日子！"

在外面打工20来年的徐有银回来了。几年前，这条消息在宁夏盐池县最偏远的乡镇——麻黄山乡成了一条大新闻。

"20几岁撇下老婆孩子到外面闯世界，一年到头都不知道人在哪里，有时候混得连吃饭的钱都没有，到快 50 岁了还能干个啥?"很多人都等着看这个"烂杆子"的笑话。

"到了!"一下车,坐北朝南两孔窑洞映入眼帘,西侧是新建的两间彩钢房。坐在窑洞前的窑台上,徐有银家女主人李兴花热情地端出香蕉和核桃。

"刚刚回来时,穷到连做饭的锅都没有,"徐有银说。乡干部、村干部、第一书记、包村干部,一遍一遍进村入户做工作、讲政策。一次,两次,三次……徐有银动心了。

麻黄山乡耕地全部都是"望天田",年降雨量只有两三百毫米,蒸发量却高达两千多毫米。但这里地广人稀,只要肯干,撂荒的土地多得是,三五年里只要有一年风调雨顺就能有一个好收成。

最让徐有银兴奋的是,盐池县与保险公司合作开展了一系列农业保险政策,种荞麦减产、养羊羊肉价格太低都有理赔,保险费由政府补贴。

徐有银思谋着,与其苦熬,不如苦干。他把周边撂荒的 300 多亩土地都流转下来,种上了荞麦、玉米、油菜籽。仅苏丹草就种了 80 亩,政府每亩补贴 160 元。秋后,打下的草籽又卖了 1.5 万元,这一项徐有银就收入 2.7 万元。

徐有银这两年买了拖拉机、购置了客货两用汽车,养了 100 多只羊,儿子还在相邻乡镇盘下了一个汽车修理店，日子充满希望。

"脱贫攻坚不养懒汉，种杂粮、盖羊圈、盖猪棚，养鸡种地都有补助，干得多收获也多，不干，一分钱也没有，"徐有银深有感触地说。去年秋收，他凌晨4点多爬起来，晚上10点多才回家，两头不见太阳。但看看收成，"这么苦也值了，今年县上还出台了脱贫奖励政策，我信心很大，越干越有劲"。

2016年6月，平庄村村支书范殷贵有感而发，写了一首打油诗。

多年打工徐有银，挣少花多生活贫。

可喜脱贫带福荫，回乡务农过光景。

租赁田园五十顷，滩羊百只能经营。

风骏皮卡拖拉机，奔上小康笑盈盈。

这首打油诗通过微信在当地广为传播，被平庄文艺社编成了本地特色的"道情"，作为麻黄山乡精准扶贫文艺演出队的主打节目在13个村巡回演出。"烂杆子"回头金不换的故事成了精神脱贫带动物质脱贫的典型，激励着更多乡亲依靠勤劳双手创造幸福生活。

"以前全家人一年才有五千块的收入，为了生活还有不少贷款。现如今，不光还清了贷款，还养了近百头羊，"2019年2月10日，王乐井乡王吾岔村村民尤金禄说。

据尤金禄介绍，他最初开始搞养殖，因为没有形成养殖规模，收入并不高。2016年，尤金禄看准时机，下定决心一次性贷款五万元，买了一百多头羊，扩大了养殖规模。如今，尤金禄每天的工作就是：割草、喂羊、打扫……2018年，尤金禄和老伴年收入都过了万，还搬进了宽敞明亮的新房子。现在已经从建档立卡户变成了村里的脱贫示范户，不光搞滩羊养殖，还种了二十多亩地，两个儿子都在城里成了家。"村上有了这些脱贫富民的好政策，我们只管撸起袖子加油干，"尤金禄说，"如今过上的幸福生活，都是在当地帮扶政策下，自己一步一步努力出来的结果。要是自己不努力，再好的政策也是白搭。"

当问到新年有什么愿望时，尤金禄说："今年我准备去考个驾照，再买个小汽车，平时也能带着老伴去城里看看孩子们。"到2019年，尤金禄准备继续扩大养殖规模，让自己的收入再翻上几番。"我和老伴所有的心思就在这些羊身上，辛苦一点，值得！"

人起心发，树起皮发。盐池县树立多干多支持、大干大支持的激励导向，表彰脱贫致富典型户、脱贫攻坚优秀工作者320名，奖励1000名农村致富带头人300万元；深入开展"三先开路话富民"等主题巡回宣讲120场次，扎实推进"三破三立"大讨论、"移风易俗、弘扬新风"等活动，引导群众树立自主脱贫、光荣致富新风尚，逐步实现了从"推着走"到"主动干"的转变。

（四）"明天一定更加美好"

近段时间，官胜山看着眼前的新房感触颇深。从2016年春开始打地基，到封顶，官胜山是一天天看着它"长大"的。

新房就建在老屋的不远处。这几天，屋里面一天一个变化，眼看着锅台砌了、炕也打了，就差吊顶了，官胜山心里有说不出的欢喜。

官胜山是花马池镇冒寨子村人，眼前的这间老屋，还是他父亲留下来的，已近30年。一到刮风天，屋里厚厚一层土。若不是家里穷，他早该建房，或者像其他村民一样搬到镇上或县城住了。由于官胜山夫妻二人身体残疾，一直靠低保勉强维持生活，是村里的贫困建档立卡户。2016年，全村共有72户贫困户，其中兜底户15户。当初确定兜底户时，鉴于官胜山家里的情况，村干部不是没有考虑。前年，官胜山因为一场大病差点儿要了性命，人瘦得皮包骨头，才有60斤重，在家躺了一年。

可官胜山不愿意当兜底户，他想养羊、种田，还想扑着往前奔。"主要是现在政策这么好，而且今年身体也比往年好些了，能干点总比蹲在家里强，"憨厚老实的官胜山向村干部袒露心声。

听到官胜山的这番话，村干部也振奋，三天两头往他家跑，为他量身定制了脱贫方案，帮助解决生产发展的实际困难。2016 年年初，官胜山贷款 5 万元，新建了 3 道羊棚，养了 50 多只羊，在 30 多亩地里种上了玉米、苏丹草等，还在自家院落旁边新建了房屋。"新房子，我一分钱都没花，是政府出资盖的。修建羊棚，政府也有补贴，过两天钱就到账了。到时候，再买几只羊，到了年底，羊肉价格还会涨哩。"

2016 年，家里喜事不断。如果说新房和新羊棚，是第一喜的话，那么改造后的农电，无疑给当地农业生产给力加油。这一点，官胜山深有感触。过去家里的电仅够照明用，喂羊都是用铡刀铡草，干一天，还不够几十只羊吃一顿。如今，铡草机用上了，一会儿工夫就解决问题，省力又省事。这不可不谓第二喜。第三喜当然是家门前新修的这条路了。通往村部，6.9 千米。虽然路才推开，连石子都还没铺，却让官胜山看到更多的希望。活了这么大岁数，要不是前年住院，官胜山连盐池县城都没去过，更别说他人嘴里常念叨的吴忠、银川了。

"收成好了，羊卖上价了，就领上老婆子，到银川看女儿去，"官胜山说。老两口只有一个女儿，2017年在银川读高三。老两口大字不识，这些年来，不管家里多难，官胜山一门心思支持女儿好好念书，女儿是他们最大的希望。脱贫之后，官胜山也相信他们家的日子会一天比一天好的，会努力早日奔向小康。

已过千山万水，仍需跋山涉水。对于盐池县而言，脱贫摘帽既是完成，也是未完成。下一步，不仅要做好稳定可持续脱贫的文章，还要通盘考虑脱贫之后的富民路径。全面小康，奋进的脚步依然在路上！

六　盐池经验的启示

2018 年 9 月 29 日，自治区人民政府正式批复《关于申请批准盐池县脱贫退出的请示》，并发布《关于盐池县退出贫困县的公告》，同意盐池县退出贫困县序列！

这一重要历史时刻值得每一位在脱贫攻坚中付出艰辛努力的干部群众终生铭记。可以说，盐池县贫困县的帽子摘得有质量，这是全县领导干部群众共同努力的结果。"立下愚公志，打好攻坚战"，盐池县脱贫模式并非一个简单可照抄、复制的范本，但其中党群干群团结携手，发扬自力更生艰苦创业的精神，把握精准扶贫政策，制定适合当地群众脱贫致富的发展道路，以可持续发展眼光为全面小康打下基础，为全自治区、全国贫困地区群众和领导干部树立了鲜明的榜样。

（一）强化党建引领助力脱贫富民

抓好党建带动地方经济发展，是脱贫致富的重要抓手。

走进盐池县惠安堡镇大坝村，一排排房屋院落整齐划一，一条条宽阔的道路干净整洁，一面面装点墙画生动漂亮。然而就在十几年前，大坝村还是典型的空心村，村庄面貌贫穷落后。从一个大山深处搬迁来的贫困村庄发展成人人羡慕的黄花产业富裕大村，大坝村的变化离不开镇村干部"凝神聚气壮产业，党群一心强帮扶"的务实作风。

在发展黄花产业之初，大坝村里几户零零星星、无序发展的黄花种植根本形不成气候，村民挣不到钱，纷纷铲掉黄花，有的外出打工，有的又种植了玉米。

大坝村党支部书记刘旭说："我们坚持走党群共富联合体发展的脱贫富民路子，采取'2带，1＋10'帮带模式，即由村干部带头、种植大户带动，1名党员帮带10户贫困户的模式，成立合作社、建立微信群，主动提供技术指导、销售信息、联系用工、提供种苗、开展病虫害群防群治、贷款担保等，有效解决了老百姓种植技术缺乏、销售信息不畅、雇工难等问题。"

党建引领产业发展，惠安堡镇13个村集体经济收入均达到 20 万元以上，人均在黄花产业上增收 3000 元以上，黄花产业已经成为当地群众脱贫富民的主导产业、朝阳产业。

盐池县严格按照党的建设"四个重要文件"要求，按照"融入脱贫抓党建、抓好党建促脱贫"的思路，充分发挥党组织战斗堡垒和党员先锋模范作用，紧扣脱贫攻坚等中心任务，抓谋划、抓创新、抓推进、抓落实，取得了一定成效。

盐池县抓党建促脱贫的经验启示我们，要打赢脱贫攻坚战，让每一个贫困群众都不掉队，最终实现全面小康的最终胜利，必须要有一个坚强的基层党组织来引领、做后盾。

一是党建引领是核心。党的领导是扶贫开发的关键，越是进行脱贫攻坚战，越是要加强和改善党的领导。实践启示我们，农村是精准扶贫的重中之重，必须要充分发挥好基层党组织在引领农村产业发展、推进精准扶贫中的核心作用，强化组织引领，让党组织发挥脱贫攻坚的战斗堡垒作用，引导群众脱贫致富奔小康。

二是抓党建促脱贫，必须突出构建载体这一途径。实现基层党建与脱贫攻坚深度融合，关键是基层党组织与党员要在脱贫攻坚实践中发挥应有作用。全县立足于此，积极引导、督促村党组织和党员积极作为、发挥作用，有力推动了脱贫攻坚各项任务落实。

三是抓党建促脱贫，必须突出村党组织这一核心。要紧紧抓住发挥村党组织战斗堡垒作用这一核心，始终以党组织为主导，为贫困群众和经济合作组织牵线搭桥，使党组织的政治优势得到有效转化。既提升了村党组织领导农村经济工作的能力和水平，又为产业发展壮大、群众增收致富提供了组织保障。

四是抓党建促脱贫，必须突出党员骨干这一关键。"党员做给群众看，群众跟着党员干"。通过实施"建强村党组织带头人、壮大农村致富带头人、选树新民风建设带头人"为主要内容的"三个带头人"工程，培养了一批具有较强双带能力的党员，成为脱贫攻坚的带头人和"急先锋"，较好地发挥了示范引领作用，从而带动贫困群众实现共同脱贫致富。

（二）在脱贫攻坚中锤炼干部作风

脱贫攻坚不仅仅是一项工作，还是一份沉甸甸的责任。

在脱贫考核验收时，盐池干部群众微信朋友圈有一篇非常火的文章《我被感动了》。有一个片段是，一位年过半百的干部趁着午餐时间，头斜靠着在车里睡着了。他就是盐池县人大常委会副主任袁书义，他的睡姿不好看，但博得了一片赞誉。

花马池镇盈德村党支部书记杨文志，在他心上，村上的事比家里的事重要。他带着发展了村集体经济，培育了滩羊、肉牛养殖和黄花种植等一批增收产业。针对基础设施薄弱和群众住房危旧等问题，他奔走协调，先后争取资金1134万元解决了村民排污难、出行难等问题。他公道正派，干事实在，带领村两委班子赢得了群众的信任支持。

花马池镇扶贫站站长王旭红，在评估验收关键阶段，他的孩子连续多日高烧不退，县医院要求转院治疗。他始终坚守岗位，舍小家顾大家。盐池县医院帮扶干部张玉香，37岁的高龄产妇，预产期不到10天，挺着大肚子坚守在脱贫验收一线，还在帮助贫困群众打扫卫生。

打赢脱贫攻坚战，关键是要发挥好基层干部的作用，要让干部人人身上有责任、个个肩上有担子，形成人人重视扶贫、人人关心扶贫的工作氛围。经过近几年脱贫攻坚的工作实践，盐池人深切体会到，打赢脱贫攻坚硬仗，只要有一个能打硬仗的好班子，一支担当作为的好队伍，做到用心、用情、用脑，真抓实干，就一定能够破解一切难题，解决一切困难，高标准、高质量地脱贫摘帽。

作为引领脱贫攻坚的主心骨，盐池县抓干部脱贫攻坚责任落实的经验启示我们，要打赢脱贫攻坚战，必须要以苦干实干、大干快干引领群众，凝聚力量；坚持在基层一线冲锋陷阵、在基层一线解决实际问题和困难，做到一步一个脚印抓实每一项工作，落实好每一个措施，争当务实重行的带头人。

一是在脱贫攻坚中锤炼干部作风，必须完善责任机制，任务落实到人。要充分发挥县委总揽全局、协调各方的作用，对照"一个收入""两不愁三保障""三率一度"等刚性指标和脱贫攻坚目标任务，全面督查指导所包乡镇、驻村工作队和第一书记、包扶部门和帮扶责任人履职情况，及时研究解决脱贫攻坚工作中存在的困难和问题。在村级层面，由每名县领导分别包抓1—3个行政村，每个部门包抓1—2个村，部门班子成员包抓1个村民小组，每名干部包抓3—5户建档立卡贫困户，乡镇班子成员每人包抓1—2个行政村，实行包村乡镇领导负责制。

二是在脱贫攻坚中锤炼干部作风，必须建立完善工作制度，确保责任落实。要让各级领导干部、帮扶责任人知道在脱贫攻坚工作中干什么、怎么干，加大对各级干部的监督管理，制定出台《脱贫富民领导（干部）工作职责》《脱贫富民督查工作办法》《建档立卡贫困户帮扶责任人管理及责任追究办法》《领导干部及工作人员履职尽责不力责任追究办法》《不胜任现职干部召回管理办法》《扶贫开发驻村工作队及农村基层党组织第一书记管理办法》等管理办法。

三是在脱贫攻坚中锤炼干部作风，必须强化干部培训，做到扶贫政策熟练运用。要分层次、全方位对干部进行脱贫攻坚政策培训。同时，每年向所有干部、建档立卡贫困户编制印发脱贫攻坚宣传手册和政策读本。每年将当年出台的政策编成政策若干条，在建档立卡贫困户家中进行张贴，并通过微信、短信等方式及时向所有帮扶干部和建档立卡贫困户进行宣传，使扶贫知识和政策家喻户晓、人人皆知。

（三）"跑步"迈向新生活

扶贫，"扶"只是外力，建档立卡户才是内力，是核心。

内生动力是什么？打个比喻，一枚鸡蛋，受外力破壳，只能做食物；从内部破壳而出，必然是一个生命。因此，强大生命力就是内生动力的重要意义。

"党的政策好，但人也要勤快，只要肯干，穷不下来……"作为脱贫致富典型，花马池镇佟记圈村王飞在巡回宣讲自己的脱贫故事时说。

2016 年以前，王飞还是个让很多村干部头疼的"懒散户"，家里虽有 30 只羊、18 亩地，过年也能吃上自家的羊肉，但日子过得相当懒散和清贫。为了让王飞转变"穷懒乏不吃"的思想，村里虽然采取了"党支部＋合作社＋贫困户"的定点帮扶措施，但是王飞却对接连上门的村干部说："我日子现在又不是过不下去。"

就在村里为如何扭转王飞思想头疼时，一个好消息从天而降：2016 年王飞的大女儿考上了宁夏师范学院，成了村里屈指可数的大学生。村干部了解到这个情况后，经过轮番的劝解，王飞终于意识到虽然自己"有吃既安"，但是大女儿的学费和生活费必须要有来源，上初中的小儿子也要供出学来。

在村干部的"软磨硬泡"下，王飞才下定决心脱贫摘帽。于是王飞在 2016 年通过村内互助资金贷款 5 万元在村内搞起了养殖，引进了 30 余只基础母滩羊，几个月就发展到了 100 多只，并且在村干部的建议下将家里 18 亩地全部用来种植饲料。

尝到甜头后，王飞在 2017 年 6 月和 7 月又向信用社借了 10 万元扶贫小额贷款，引进了 100 多只羊，现在已经达到了 200 余只的养殖规模，预计纯收入 6 万多元。王飞"高标准"脱了贫。

王飞说："这人一动起来，精气神就是不一样。党的政策固然好，但人也要勤快，只要肯干，穷不下来。"

盐池县扶贫先扶志，针对那些自主脱贫意识强烈的贫困户，在扶贫资金、产业政策等方面给予大力倾斜。他们依靠自身的不懈努力和辛勤劳作，最终摘掉了"贫困帽"，过上了衣食无忧的生活，赢得了别人的尊重。

脱贫攻坚，关键要拔掉思想穷根。思想不脱贫，就会滋生"等靠要"思想，就永远停留在"被动脱贫"层面。

一是要大力开展"三先开路话脱贫"主题巡回宣讲活动。从各乡镇推选脱贫典型、致富带头人深入乡、村、组开展"三先开路话脱贫"巡回宣讲活动，通过贫者说贫、典型引路，用身边的事教育身边的人，进一步激发广大群众的内生动力，有效改变了一些贫困群众"等着政府送小康"的依赖思想。

二是要推进文化小康助力脱贫富民。组织开展春节、元宵节、清明节、端午节等"我们的节日"活动，弘扬中华民族优秀传统文化。坚持用社会主义核心价值观引领文艺创作，编排精神扶贫巡演节目，组织创作编排一批快板、三句半、小品等文化作品。编排以"自力更生、勤劳致富"为主题的文艺节目，利用大篷车和"三下乡"活动进行演出，引导困难群众正确看待贫困，丰富贫困群众文化生活。

三是要全面推进移风易俗树立文明乡风。扎实开展移风易俗"过筛子",治理高价彩礼、高价贺礼、大操大办、攀比炫富等情况,在行政村建立红白理事会和村规民约,对婚丧喜事的桌数、菜品及随礼金额等根据各村的实际进行约定。

(四) 全力打造脱贫巩固提升"盐池样板"

2019 年,盐池县坚持以巩固脱贫成果统揽经济社会发展全局,认真落实党的十九大,十九届二中、三中、四中全会精神和习近平总书记关于扶贫工作重要论述,创新机制、精准施策,全力打造脱贫巩固提升"盐池样板"。

一是脱贫成效实现新突破。出台脱贫富民三年行动实施方案和 38 项配套政策,3000 余名各级干部开展大排查大走访,逐户逐人查漏补缺,历史性地实现了现行标准下绝对贫困人口清零。新修村组道路 288 千米,改造人饮管网 90 千米,新建美丽小城镇 2 个、美丽村庄 25 个,改造农村危房 483 户、农厕 4500 户。培育产业扶贫示范村 10 个、龙头企业 9 家、合作社 80 家、致富带头人 512 名,完成贫困群众技能培训 4290 人次,贫困村村集体经济收入稳定在 22 万元以上。

二是富民产业实现新发展。大力发展以滩羊为主导,黄花菜、小杂粮、牧草、中药材为辅助,适合家庭经营小品种为补充的"1+4+X"特色优势产业，不断夯实脱贫富民产业基础。新打造滩羊养殖示范村22个、示范场19个，滩羊饲养量达到318万只左右。培育自治区中药材科技示范基地2个，种植小杂粮60万亩、优质牧草17.5万亩，建档立卡贫困户人均可支配收入突破万元，以滩羊为主导的特色优势产业对群众增收贡献率达80%。

三是民生保障实现新提升。政府将85%的财力用于保障和改善民生。精准帮扶城镇困难群众2322名，永宏乐丰康养项目一期投入试运营，新建改造各类老年人助餐服务点13个。新改扩建幼儿园4所，全县校园无线网、在线互动课堂实现全覆盖。完成小区配套幼儿园专项治理，普惠性幼儿园实现全覆盖。义务教育阶段保持零辍学，普高工作在宁南山区首个通过区级评估验收。组建县域医疗健康总院，建成区级重点专科4个，新增区内直接结算定点医疗机构11家，"四报销四救助"惠及所有贫困群众。

盐池县始终把产业扶贫作为脱贫富民的主攻方向，以农业增产、农民增收为目标，大力扶持特色优势产业。

一是科学谋定产业。立足资源禀赋，突出特色优势，精准扶持发展了以滩羊为主导，黄花菜、优质牧草、中药材、小杂粮为辅助，同时因村制宜，因户制宜扶持农户发展生猪、肉牛（驴）、油料、西甜瓜、蔬菜等适合家庭经营的 X 小产业，建立了扶持带动全县所有农户的"1＋4＋X"特色优势产业格局，不断夯实脱贫富民产业基础。

二是做大做强产业品牌。发挥"中国滩羊之乡"品牌优势，加大品牌宣传和市场开拓力度，产品畅销北京、上海等全国 26 个省（区、直辖市）40 个大中城市。盐池滩羊肉三上国宴，成功入选 2019 年达沃斯论坛文化晚宴。"盐池滩羊肉"品牌知名度不断提升，品牌价值达到 68 亿元，带动滩羊肉市场价格持续稳定增长，养殖户只均纯收入 300 元以上，滩羊养殖效益显著提升。

三是突出龙头带动作用。组建成立滩羊集团、融盐农产品公司两大国有企业，培育扶持重点龙头企业 30 家，农民专业合作社 368 家，家庭农场 310 个。建立"支部＋企业＋协会＋合作社＋农户"的产业化发展模式，通过社会化服务、订单收购、股份合作等方式建立联农带农机制，促进产业融合发展，订单保价收购滩羊 60 万只、优质黄花菜 2000 吨、优质小杂粮 5000 吨，带动全县近 3 万农户发展产业。既保证了企业有稳定优质的原料来源，又实现了特色农产品优质优价不愁销路。

四是创新产融结合。加大新型经营主体和农户贷款担保、风险补偿、贷款贴息扶持力度，每年完成产业发展扶持贷款 10 亿元左右，贴息资金 4000 万元左右，有效解决了产业发展资金短缺的难题。创新推出了滩羊肉价格指数险、黄花种植收益险、荞麦产量险等十余种特色产业保险，为群众发展产业增收致富保驾护航。

金融扶贫："输血+造血"铺就致富路。"农民诚信度从 10% 提高到 60%"，这是金融活水"流进"盐池后，脱贫攻坚战场中的一个剪影。而这个数据，除了第一眼看到的显性增长之外，还将对盐池的长远发展产生深远影响。

如果说精准定位滩羊产业是盐池县脱贫攻坚迈出的关键一步，那么将金融血液引入产业肌体、打通任督二脉，则是其脱贫链上的关键一招。

说起盐池县王乐井乡曾记畔村，人们自然会想到村党支部书记朱玉国，想到金融扶贫。一人、一村、一模式，在脱贫攻坚战中携手征战沙场，突围出一条新路。

在曾记畔村村部，两块大招牌格外引人注目，一块是中国邮政储蓄银行竖立的信用村招牌，一块是黄河农村商业银行竖立的金融扶贫示范村招牌。能让两家银行同时在一个小村庄竖立招牌，曾记畔村不简单！

曾经的曾记畔村，"吃水没源，走路艰难，三年两旱，口袋没钱"，不管怎么形容，都绕不开一个"穷"字。曾记畔村的脱贫奋斗史从 1996 年拉开序幕，先是解决吃水难、行路难的问题，到 2006 年，村民人均收入"把锅底舔干净"也才 2400 元。同样是 2006 年，曾记畔村被国务院列为互助资金试点村。此后十年，从党员带头探路、零星村民跟着干，到全村百姓争先恐后抢着参与，曾记畔村打通了金融和农户之间的"最后一公里"，把金融血液引流到产业肌体里，在农户心里激起了"一池春水"。为确保将贷来的"一分一毛"用到实处，朱玉国提议党员与贫困农户结队帮扶：买羊，帮扶党员要亲自监督，直到羊进圈；买农机，帮扶党员也要两眼看着农机进到农户家里。

凭着良好的信用，曾记畔村村民贷款逐渐发展成了零手续，大家开玩笑说贷款"刷脸"即可。但朱玉国还是给村民设了门槛，对贫困户进行评级授信，依据个人诚信和家庭情况划定贷款额度，有效避免了盲目贷款，降低了无钱还的风险。

村民张国定曾出了一次车祸，耗尽了家产不说，还欠下大笔外债，就连给在外上学的女儿寄 500 元生活费，也要设法去借高利贷。村上有了互助资金后，张国定贷款购进了一些基础母羊，年年滚动发展。至 2017 年年底，张国定不仅还清了外债，还盖起了新房，年收入十多万元，被评为五星级信用客户，银行贷款还款轻松自如。

截至 2017 年，曾记畔村交出了亮眼的成绩单：贷款额度从 428 万元增长到 4893 万元；滩羊养殖从 3000 多只增长到 1.3 万只；村集体经济收入从零到 38 万元；村民人均收入从 2400 元增长到 9249 元。

2012 年以来，盐池结合产业发展在全县农村大力推行金融扶贫，使其落地生根、全面开花。数十个"曾记畔村"、无数个"张国定"在金融血液的滋养下，脱贫致富。

市场强大的黏性将农民、产业、金融紧紧粘在一起，引导教育他们，也回报塑造他们。在"一贷一还"的良性循环中，滩羊等致富产业日渐腾飞，村民诚信日日沉淀，并融入生命骨血。

金融助力下的盐池脱贫路径，也为其下一步农业、农村、农民的发展打下了坚实基础——借市场之手规范农民行为、激发内生活力，养成风险意识，打牢诚信基础，形成争相致富的氛围，为全面小康社会积攒了充沛的能量。

（五）精准施策助推乡村振兴

2019 年 1 月 19 日 6 时 20 分，伴随着闹铃声，盐池县大水坑镇向阳村村民冯莉萍匆匆起床，收拾屋子、做早饭，将孩子送到学校后，冯莉萍便匆匆骑着电动车赶去上班了。7时15分，赶到宁夏巨拓实业有限责任公司"扶贫车间"后，她换好工服，开始一天的工作。

"不外出务工的话没有多余的收入，出去的话老人小孩又没人照顾。"这个矛盾此前一直困扰着冯莉萍。现在她进"扶贫车间"上班，实现了赚钱顾家两不误。

"扶贫车间"让冯莉萍重拾了一份稳定的收入，"我6月份开始到工厂上班，现在工资每月可以领到3600元，工厂每月还给我们200元餐补费，"冯莉萍说，"工厂每天11时30分下班，1时30分上班，工作之余我可以照顾小孩，务工顾家两不误。"

实现乡村振兴，产业兴旺是关键。大水坑镇以产业为核心、以项目为载体，着力打造特色鲜明的产业形态。

盐池县在脱贫攻坚的过程中，通过切实将乡村振兴战略的落实、县域内经济的发展同脱贫攻坚战有机衔接起来，产生了强大的溢出效应。2014—2018年上半年，盐池县紧紧围绕自治区"规划引领、农房改造、基础配套、收入倍增、环境整治、生态建设、服务提升、文明创建"八大工程要求，先后投入资金4亿元，累计实施了大水坑镇自治区级特色小镇建设1

个，大水坑镇、惠安堡镇、高沙窝镇、麻黄山乡美丽小城镇建设 4 个，完成美丽村庄建设 47 个，同步完成了《大水坑镇特色小城镇建设规划》《大水坑镇控制性详细规划》《高沙窝镇总体规划》《麻黄山乡美丽小城镇建设规划》等乡镇规划和美丽村庄规划编制工作。

作为全区第一个脱贫摘帽的县，下一步，盐池县必将紧扣这一重大历史机遇，把实施乡村振兴战略作为新时代"三农"工作的总抓手，以现代产业为突破口，发展多种形式适度规模经营，培育新型农业经营主体，健全农业社会化服务体系，实现小农户和现代农业发展有机衔接，全力打造全区脱贫富民示范县、乡村振兴示范县，向全面建成小康社会、实现现代化的目标迈进。

一是实施创新驱动发展，让产业强起来。坚持以农业供给侧结构性改革为抓手，紧紧围绕滩羊、黄花菜、牧草、小杂粮、中药材等特色优势产业，走高端化、品牌化、差异化发展路子，优化区域布局、调整产业结构。大力发展体验型、循环型等新产业新业态，巩固金融扶贫成果，完善风险补偿机制，健全融资担保体系，构建银行、保险、证券等协调发展的多元金融服务体系，促进一、二、三产业融合发展，真正将特色小产品作为脱贫富民的大产业。

　　二是坚持生态优先，让乡村美起来。牢固树立
"绿水青山就是金山银山"的理念，立足生态脆弱区
实际，大力实施城乡绿化、水土流失治理、荒山造林
行动，构建宁夏东部区域生态安全格局。深入实施蓝
天、碧水、净土"三大行动"，重拳治理大气、土壤、
水环境污染，着力构建生态功能保障基线、环境质量
安全底线和自然资源利用上线三大红线体系，让碧水
蓝天净土成为全面小康社会的关键元素。聚焦农民对
美好生活新期待，巩固提升农村基础设施和基本公共
服务均等化水平，采取政府购买公共服务手段，全面
做好农村环境综合整治工作。建立生活垃圾就地无害
化减量模式，实现生活垃圾不出村。打造乡村振兴的
生态环境，不断提升群众幸福感和获得感。

　　三是挖掘增收潜力，让群众富起来。坚持把脱贫
富民作为今后发展的价值取向和工作导向，结合实施
乡村振兴战略，巩固提升脱贫成果，培育壮大"旅
游＋、电商＋、光伏＋"等富民新业态，在现有产业
中挖掘增收潜力，延长农民增收致富的产业链，扶持
一批专业大户、家庭农场、农民合作社等新型农业经
营主体，引导群众通过参股新型农业经营主体加快发
展，实现增收致富；大力发展滩羊养殖、小杂粮加工
等劳动密集型产业，鼓励小微企业吸纳就业，不断扩
大就业容量；通过教育引导，加大群众中长期技能培

训，让贫困群众都有拿得出手、立得住脚的一技之长，培育一批有文化、懂技术、会经营的专业化、职业化新型农民。同时，盐池县按照"扶贫既要富口袋，也要富脑袋"的要求，以推动移风易俗、倡树文明乡风为切入点，深化群众性精神文明创建，发挥"两个带头人"作用，重点开展诚信教育、家风培育、无访乡村创建、贫困群众讲脱贫故事等活动，采取生产奖补、劳务补贴等办法，大干大支持、多干多支持，教育引导群众依靠自己的双手自力更生，形成健康向上的精神风貌，不断提高人民群众的富裕程度和生活质量，实现乡风民风建设与全面建成小康社会协调发展。

盐池县的脱贫摘帽已经成为历史，但这只是万里长征的第一步，无论是脱贫质量，还是富民层次，都需要在不断的努力中实现进一步提升，以实现盐池群众与全国全区人民一道迈入小康社会的宏伟目标。

（六）开启老区盐池脱贫富民的"金钥匙"
——小微金融助力

盐池县将扶贫小额信贷作为脱贫富民的重要举措，聚合政府有形之手、市场无形之手和群众勤劳之手精准发力，有效破解了金融扶贫小额信贷全国性"十大难题"，走出了一条"依托金融创新推动产业发展、依靠产业发展带动贫困群众增收"的富民之路。全国扶贫小额信贷培训班连续两年在盐池县召开，金融扶贫"盐池模式"向全国推广。

1. 创新产融结合，解决群众可持续发展的问题

脱贫靠产业，产业靠金融。盐池县是中国滩羊之乡，80%的贫困群众都在从事滩羊养殖相关产业，群众收入的一半以上也来自滩羊产业。老百姓发展滩羊产业的意愿非常强，但贷款难、贷款少、贷款贵，没有发展的本钱，是长期以来制约贫困群众脱贫致富的瓶颈问题。因此，县委、县政府为了解决建档立卡贫困户发展资金难题，每年出台金融扶贫实施方案，全面落实建档立卡贫困户5万元以下、3年期以内、免担保免抵押、基准利率放贷、财政贴息、建立风险补偿金的扶贫小额信贷政策，对有稳定增收产业且有扩大生产经营需求的建档立卡贫困户，将扶贫小额信贷额度提高到10万元以内，享受基准利率和财政贴息政策。截至2019年11月30日，全县农户贷款余额为30.45亿元，其中建档立卡贫困户6.05亿元。在此基础上，盐池县成立了盐池滩羊产业集团公司，支持滩羊全产业链发展，引导龙头企业与贫困村建立"养加销"产业链利益共享、风险共担联结机制，实行订单

养殖、订单收购，形成了资金跟着穷人走、穷人跟着产业走的产融扶贫新模式。通过扶贫小额信贷不仅解决建档立卡贫困户以滩羊为主导，黄花菜、小杂粮、牧草、中药材为辅助，乡镇多种经营产业为补充的"1+4+X"特色产业资金难题，而且提振了群众脱贫致富的信心，促进了产业与金融的良性循环，以滩羊为主导的特色产业对群众增收贡献率达到80%以上，真正为农村经济发展注入了无限活力。如今，盐池滩羊肉品牌价值稳定在68亿元，滩羊年饲养量稳定在300万只，滩羊肉初始价格由2015年的每千克30元提高到每千克60元，最高卖到了每千克680元。

2. 完善诚信体系，解决贫困户贷不上款的问题

诚信是推进金融扶贫健康发展的基础。盐池县把改善农村金融环境、提高群众诚信意识作为金融扶贫的基础性工程来抓。全力打造诚信环境。按照信誉推荐互联互带模式建立小额信贷诚信环境，为落实扶贫小额信贷政策打下了坚实基础；同时，扎实开展"三先开路话脱贫"、新乡贤村贤评选等活动，农村信用环境发生了重大变化，"有借有还、再借不难"的观念根植于心，金融环境始终保持良好的发展态势。创新"631"评级授信系统。建立了建档立卡贫困户评级授信系统，改变原有银行评级授信标准，将建档立

卡贫困户的诚信度占比提高到60%，家庭收入占比30%，基本情况占比10%，根据评级结果确定授信额度（3A级可贷10万元、2A级5—10万元、A＋级2—5万元、A级2万元），解决了贫困群众无人担保无物抵押的难题。同时，根据滩羊产业发展周期较短等特点，有针对性地为群众量身定做"富农贷"金融产品，农户一次授信，3年内随用随取。这种做法降低了评级授信门槛，有效解决了贫困户贷款难的问题。建立四级信用平台。把对建档立卡贫困户评级授信的成功做法运用到所有农户，建立了乡、村、组、户四级信用评定系统。将60%的诚信度细化为10%的精神文明建设和50%的诚信度，家庭收入30%和基本情况10%占比不变，即"1531"模式，将全县所有农户的信用情况分为四个信用等级，实行政银社民四位一体共同评定、共同认可、共同应用。信用等级越高，享受贷款优惠越多。2018年，全县已评出信用乡镇8个，评出信用村92个、信用组525个、信用户4.8万户，诚信度均达到90%以上。这种做法不仅解决了群众发展资金难题，更为重要的是培育了群众诚信意识、市场意识和发展意识。"守信才能发展、失信寸步难行"已成为群众的共识。2019年按照"1531"评定模式，盐池县对"四级信用"和建档立卡贫困户评级授信全面进行复核复审。用好用活互助资金。自2006

年互助资金项目试点以来，盐池县严格实行"2242"的管理运行模式（占用费的20%作为公积金、20%作为公益金、20%作为风险准备金、40%作为运行成本）。从2017年起，暂停公积金提取，将占用费分配比例统一调整为运行成本70%，公益金30%，原则上运行成本的70%用于互助社管理人员工资补贴，支付工资补贴后剩余的资金滚入到本金，30%用于互助社办公经费开支。互助社所提取的公益金优先用于为互助社社员购买保险，剩余部分可转入村集体经济，解决空壳村的问题。盐池县2019年制定印发了《盐池县"村级发展互助资金"管理办法（试行）》，严格管理互助资金。2018年全县102个村级互助社共办理借款1.5万户2.59亿元，其中建档立卡贫困户5096户8577.5万元。

3. 建立风险防控网络，解决金融机构风险大的问题

为了进一步降低金融机构风险，调动其积极性，完善金融扶贫风险防控网络，盐池县探索建立了风险补偿合作机制。建立政府风险补偿基金。研究出台了《盐池县建档立卡贫困户扶贫小额信贷风险补偿基金管理办法》，与涉农银行建立风险补偿合作机制，向各银行整合注入8000多万元扶贫小额信贷风险补偿金，银

行按 1∶10 的比例提供扶贫小额信贷，因重大灾病等不可抗力因素造成不能偿还的，由风险补偿金和银行按 7∶3 的比例分担，降低银行借贷风险。严把评级授信关口。明确评级授信对象为有发展意愿、有创业能力、有产业项目、有良好信誉的建档立卡贫困户。出台了贫困农户评级授信管理办法，实行"一次摸底、四级评审、两轮公示"，确保扶贫小额信贷政策惠及真正需要贷款发展的建档立卡贫困户。强化金融信贷监督。创新建立了"金融扶贫管理系统"平台，将贫困户信用评级、贷款情况、银行放贷情况等扶贫保险信息及时录入系统，实行扶贫贷款月统计、季通报、年考核制度，由扶贫办、中国人民银行、各金融机构组成联合工作组，对贷款进展数据进行分析整理，及时协调解决问题，合力防控信贷风险。

4. 创新推出保险扶贫，解决群众易返贫的问题

盐池县产业与金融的发展形成了相互促进的良性循环，但受生态脆弱、干旱少雨等因素影响，群众发展产业受自然灾害、疾病等因素影响较大，因病、因灾、因意外致贫返贫情况突出。为此，盐池县将保险机制纳入脱贫致富的"工具箱"，推动商业保险与产业发展、市场需求有效融合，创新推出了"扶贫保"。为全县所有农户量身打造了"2＋X"菜单式扶贫保，

其中"2"属于基础险，包括家庭综合意外伤害保险和大病补充医疗保险，"X"属于选择性险种。根据产业发展需求，量身打造了特色农业保、羊肉价格保等系列产业保险，由农户根据自身实际选择险种。这种保险"组合拳"的做法较为灵活，群众可以根据自身发展条件和能力组合购买人身保险和财产保险，既兜住了因病因灾因意外致贫返贫底线，又为群众发展产业增收致富保驾护航，更培养了群众保险意识。实行最低保费，最优保额。协调保险公司对农户实行低保费、高保额的特惠政策。特别是2018年以来，盐池对全县所有农户扶贫保执行一个标准"普惠"政策，对建档立卡贫困户和一般农户2个人身保险（家庭综合意外伤害保险和大病医疗补充保险）补贴80%，对X扶贫保险中产业保险群众自筹部分，由财政补贴40%，构建了盐池县贫困群众风险保障体系，增强了建档立卡贫困户脱贫攻坚内生动力，让每一名贫困群众在小康路上不掉队，为群众发展产业保驾护航，确保群众脱贫路上零风险。建立风险保证基金。设立了1000万元"扶贫保"风险分散补偿金，保险公司在一个保险周期内亏损的情况下，亏损部分由风险分散补偿金承担60%，保险公司承担40%；在盈利的情况下，盈利部分60%返回风险分散补偿金，周转使用的盈亏互补机制。在确保建档立卡贫困户脱贫路上不掉队的同时，也保证了保险公司的投保积极性和理赔及时性。

5. 从"特惠"到"普惠"，解决"贫困边缘户致富难"的问题

60岁，曾是金融机构贷款的年龄封顶线。但在盐池农村，60岁上下正是养羊的黄金年龄，却被贷款限制排除在了金融政策之外。四五年前盐池县冯记沟乡平台村建档立卡贫困户薛虎，只能看着持续攀升的羊肉价格干着急。老薛是个养羊的"好把式"，但因年龄超过了60岁，多次申请贷款，都被拒绝了。

盐池县与金融机构协商，将贫困户贷款年龄上限放宽到65岁。老薛终于贷到了3万元，并将养羊规模扩大到80只，当年年底，他养羊的纯收入就达到3万元。截至2018年2月底，仅盐池县农村商业银行就为60岁以上建档立卡贫困户发放贷款511户、2462万元，让这部分身体较好、有脱贫意愿的农村老人自食其力、老有所为，而不是成为脱贫兜底户。

同时，对一些非恶意"黑名单"贫困户进行解禁，促其信用重建，消除金融扶贫盲点。全县共释放"黑名单"贫困户968户，为他们发放贷款7373万元。

在盐池，金融扶贫不弃微末，关照到了极其小众的金融需求，查漏补缺，推出"特惠"政策。在充分

实践的基础上，逐步向"普惠"衍进，使信贷扶贫覆盖各个层面，最大限度地实现"资金跟着贫困户走，贫困户跟着产业走"。

2018 年 3 月，盐池县又将贷款年龄放宽至 65 岁的政策，从建档立卡户拓展至非建档立卡户。

"要不是这个新政策，今年就贷不了款。这 500 多亩地、230 多只羊，就周转不过来了。"盐池县王乐井乡王乐井村西沟自然村非建档立卡户王仁是个种养殖大户，他正为无法续贷发愁。盐池县农村商业银行王乐井支行行长蔡汶禧带着电脑上门，为王仁现场办理了政策扩面后的首笔 10 万元贷款。王仁买了一台拖拉机、十几桶柴油，满怀信心，准备大干一场。

盐池县还把对建档立卡户评级授信的成功做法推广到所有农户，既解决了贫困边缘户游离于政策之外的问题，又为巩固提升脱贫成效、有机衔接乡村振兴奠定了基础。

党的十八大以来，宁夏盐池县瞄准贫困群众发展产业资金短缺的薄弱环节，以金融扶贫为切入点，对解决贫困户贷款难问题进行了探索，给出了答案，形成了独具特色的金融扶贫模式。在这里，现代的金融理念与传统的种养和耕作方式交互碰撞，闯出了一条金融扶贫之路。

2020 年是全面建成小康社会目标实现之年，是全面打赢脱贫攻坚战收官之年。脱贫富民离不开产业支撑，产业兴旺需要金融相助。宁夏盐池县不断创新金融扶贫模式，在脱贫攻坚进程中走出了一条"依托金融创新推动产业发展、依靠产业发展带动贫困群众增收"的富民之路，形成了金融扶贫的"盐池模式"。

这一探索实践，充分发挥了政府"有形之手"的力量。盐池县委、县政府在脱贫攻坚进程中，确立农业特色产业，聚集资金补贴涉农贷款、保险，降低金融机构经营成本，引导资金流入农村地区，破解融资瓶颈。同时，针对农业领域较大的自然风险、市场风险，盐池县委、县政府建立风险补偿基金，发挥地方政府、金融机构联动效应，分担金融机构经营风险。补偿机制与风险分担机制调动了金融机构的积极性，使有限的财政资金发挥了四两拨千斤的杠杆作用，提高了财政支出绩效，提升了治理能力和水平。

这一探索实践，充分利用了市场无形之手的活力。盐池县金融机构作为市场经营主体，充分把握农村市场需求与特点，顺势而为创新金融产品与服务，不断拓展市场空间。盐池县农商行将原本基于"硬资产"的抵押担保贷款模式转变为基于农户"软信息"的信用贷款模式，这种方式充分利用农村地缘、人缘、血缘、亲缘的熟人社会特点构建信用评价体系，更适合缺乏资产抵押但信用良好的农户。这一创新在降低银行经营成本、减少农民道德风险的基础上增加了贷款客户。保险公司根据当地产业特点不断开发"扶贫保"产品，从简单的人身保险、财产保险拓展至价格险、产量险、收益险等，险种创新扩大了保障范围，保护了农民利益。同时，银行与保险公司分工协作、相辅相成，彼此在分散风险的基础上实现了机构可持续发展与社会福利增加的双赢目标。

这一探索实践，充分调动了盐池人民群众的积极性。贫困群众不仅面临经济困境，而且还可能面临社会参与困境。盐池县金融机构从普惠金融理念出发，将贫困者作为服务对象，不但给予了贫困者资金支持，而且提升了贫困者社会参与程度，调动了贫困者勤劳致富的主动性，将扶贫与扶志、扶智相结合，拓展了贫困者发展空间。这一模式更好地体现了包容性增长，更有利于建设和谐社会。构建了政府、金融机构、农民多元主体参与的减贫格局，从授人以鱼的"输血式"扶贫转变为授人以渔的"造血式"扶贫，从单纯解决收入贫困转变为解决收入贫困、能力贫困等多维贫困。这一模式既有助于当前打赢脱贫攻坚战，也有益于解决相对贫困问题。

张风林，国际创新工程师，数据分析师，长河众创空间（自治区级）创始人，宁夏蓝略智库研究院——宁夏首个民办非企业社会智库开创者，几字弯（宁夏）高级研究员，资深创新发展咨询专家。

王林聪，中国非洲研究院副院长，研究员，博士生导师。